生态文明与中国环境法治

顾世华　编著

内蒙古出版集团

内蒙古科学技术出版社

图书在版编目（CIP）数据

生态文明与中国环境法治 / 顾世华编著. —赤峰：内蒙古科学技术出版社，2015.11（2021.1重印）

ISBN 978-7-5380-2613-9

Ⅰ.①生… Ⅱ.①顾… Ⅲ.①环境保护法—研究—中国 Ⅳ.①D922.684

中国版本图书馆CIP数据核字（2015）第268495号

出版发行：内蒙古出版集团　内蒙古科学技术出版社

地　　址：赤峰市红山区哈达街南一段4号

邮　　编：024000

邮购电话：（0476）5888903

网　　址：www.nm-kj.cn

责任编辑：张继武

封面设计：李树奎

印　　刷：三河市华东印刷有限公司

字　　数：161千

开　　本：880×1230　1/32

印　　张：5.875

版　　次：2015年11月第1版

印　　次：2021年1月第3次印刷

定　　价：48.00元

前　言

工业文明在改变人类的生产、生活方式，给人类带来巨大财富的同时，也带来了无尽的烦恼，甚至是巨大的灾难。震惊全世界的"六大污染"、"八大公害"以及"十大事件"，这些公害和污染事故，都给自然环境造成了极大污染，从而导致了许多正常人及动物患病、残疾或非正常死亡，给生态环境和人类带来了灾难性后果。人类对资源的利用和环境的破坏，已经超出了地球的承载能力。这些环境事件引起国际社会高度重视，并进行反思，生态文明观念应运而生，"推进生态文明建设"成为人类可持续发展的必然趋势。

中国是个资源富饶、地大物博的国家，然而中国也是一个人口最多的发展中国家。无论何种资源，在全世界人均拥有量都是很低的。十一届三中全会以来，中国经济取得了巨大发展，由于中国的经济增长是建立在高消耗、高污染的发展模式上，因此在高速发展的同时也出现了比较严重的环境问题，发达国家上百年工业化过程中出现的环境问题在中国集中爆发，环境与发展的矛盾日益突出。生态环境脆弱、资源相对短缺、环境容量不足等，逐渐成为制约中国可持续发展的因素。同时，人民群众对生活环境质量的要求也在不断提高。如果不改变我国传统的经济增长方式，处理好人类与环境的关系，不仅会影响全面建设小康社会宏伟目标的顺利实现，而且会影响到中华民族生存和长远发展的根本大计。因此，"大力推进生态文明建设"是我国可持续发展的必然要求。

以胡锦涛同志为核心的党中央领导集体十分重视环境问题，在党的十七大报告中提出了建设生态文明的任务。2007年，中国共产党十七大报告首次提出建设生态文明的问题。报告指出："建设生态文明，基本形成节约能源资源和保护生态环境的产业结构、增长方式、消费模式。循环经济形成较大规模，可再生能源比重显著上升。"2012 年，党的十八大报告再提生态文明建设。报告认为："建设生态文明，是关系人民福祉、关乎民族未来的长远大计。面对资源约束趋紧、环境污染严重、生态系统退化的严峻形势，必须树立尊重自然、顺应自然、保护自然的生态文明理念，把生态文明建设放在突出地位，融入经济建设、政治建设、文化建设、社会建设各方面和全过程，努力建设美丽中国，实现中华民族永续发展。"

《中共中央关于全面深化改革若干重大问题的决定》中要求："建设生态文明，必须建立系统完整的生态文明制度体系……，用制度保护生态环境。"中共中央总书记习近平指出，建设生态文明必须依靠制度，依靠法制。只有实行最严格的制度，最严密的法治，方可为生态文明建设提供可靠保障。

生态文明是人类社会和生产力水平发展到一定历史阶段的必然产物，它是指在人类历史发展过程中形成的人与自然、人与社会环境和谐统一、可持续发展的文化成果的总和，是人与自然交流融通的状态。它不仅包含着狭义上的人类用更为文明而非野蛮的方式来对待大自然，而且在文化价值观、生产方式、生活方式、社会结构上都体现出一种人与自然关系的崭新视角。生态文明建设是一项复杂的系统工程，需要综合运用政治的、经济的、法律的等多种手段，而生态环境法治建设，是生态文明建设的重要保障。

现行的环境法在我国的社会主义现代化建设中发挥了非常重大的作用，但由于生态文明建设提出了更高的要求，传统的环境法已经有些不合时宜了。

环境的概念因在不同学术领域而有不同的表述。环境科学上称为人类环境，是指围绕着人群的空间，以及其中可以直接或间接影响人类生存和发展的各种天然的和经过人工改造过的自然因素的总体。因为环境科学是以人类为环境的主体，所以把环境称为人类环境，简称环境。

生态学把环境称为生态环境，是指环绕着生物界并影响其生存和发展的外部空间和无生命的物质，如大气、水、土壤、阳光和其他无机物质。

与环境科学上的环境定义相比，环境和生态环境是有区别的，生态环境范围要比人类环境范围大。环境是以人类为中心，生态环境是以生态为核心，侧重点不同，造成由两个概念发展出的一系列理论与实践都会有所不同，所以，由人类为中心的环境发展而来的环境保护、环境法与以生态为核心的生态环境发展而来的生态环境保护和生态环境法的内涵上就会有很大差别。因此，在生态文明建设中，环境法与生态环境法的作用是不同的。生态文明建设更需要生态环境法的保障。

本书是由环境法治视角向生态环境法治理念的转变来研究生态环境法治。生态环境法治作为解决生态环境问题的重要手段，应该包括四个方面的内容：一是生态环境立法。建设完善的生态环境法律体系，使生态环境保护活动有法可依，这是生态环境法治的前提。二是生态环境执法，也就是生态环境行政。严格执行生态环境法律的规定，是生态环境法治实现的关键。三是生态环境司法。严格追究生态环境违法、犯罪行为人的法律责任，是生态环境法治基本保证。四是生态环境教育，是通过深刻理解人与生态环境的关系，提高全体社会成员的生态环境意识，使人类社会的生产和发展模式符合可持续发展理念，使全体社会成员的行为符合人与自然和谐发展的规律，这是生态环境法治的目标。

目　录

第一部分　生态文明与环境法治

第三部分　非政府组织在生态文明建设中的作用

第一部分

生态文明与环境法治

第一章 生态文明理论概述

国务院在2005年末制定的《国务院关于落实科学发展观加强环境保护的决定》中强调，"倡导生态文明，强化环境法治，完善监督管理体制，建立长效机制，建设资源节约型和环境友好型社会"。

2007年，中国共产党十七大报告首次提出建设生态文明的问题，报告指出："建设生态文明，基本形成节约能源资源和保护生态环境的产业结构、增长方式、消费模式。循环经济形成较大规模，可再生能源比重显著上升。主要污染物排放得到有效控制，环境质量明显改善。生态文明观念在全社会牢固树立。"（胡锦涛《高举中国特色社会主义伟大旗帜，为争取全面建设小康社会新胜利而奋斗》，人民出版社，2007年，第20页）

2012年，党的十八大报告再次提及生态文明建设。报告认为："建设生态文明，是关系人民福祉、关乎民族未来的长远大计。面对资源约束趋紧、环境污染严重、生态系统退化的严峻形势，必须树立尊重自然、顺应自然、保护自然的生态文明理念，把生态文明建设放在突出地位，融入经济建设、政治建设、文化建设、社会建设各方面和全过程，努力建设美丽中国，实现中华民族永续发展。"（胡锦涛《坚定不移沿着中国特色社会主义道路前进，为全面建成小康社会而奋斗》，人民出版社，2012年，第39页）

2013年11月，党的十八届三中全会通过的《中共中央关于全面深化改革若干重大问题的决定》（以下简称《决定》）则明确提出加快生态文明制度建设。《决定》要求："建设生态文明，必须建立系统完整的生态文明制度体系，实行最严格的源头保护制度、损害赔偿制度、责任追究制度，完善环境治理和生态修复制度，用制度保护生态环境。"那么，什么是生态？什么是生态文明？如何建设生态文明？生态文明与生态环境法治有何关系呢？

第一节　生态环境相关知识

一、生态学基础知识

（一）生态学概念和意义

生态学是研究生物与其环境间的交互关系，以及研究生物彼此间的关系的一门学科。（《简明不列颠百科全书》第7卷，中国大百科全书出版社，1986年版，第168页）"生态"一词中，"生"可以解释为"生物"或"生活"；"态"可解释为"状态"或"形象"，可以代表环境中的万事万物。（郝道猛《生态科学概论》，徐氏基金会出版，1977年版，第7页）德国生物学家海克尔于1869年最早提出生态学概念，生态学在当时仅限于研究外界环境与动物的关系，属于生物学的分支之一，长时间内并不为公众所了解。

20世纪60年代以来，由于自然资源破坏、环境污染等环境问题日益显著，继之而来的能源食物短缺、人口膨胀等一系列人类共同面对的问题不断深化，给人类的生活和经济的发展造成了巨大冲击，环境问题引起社会广泛关注的同时，生态学也受到广泛注意。同时，由原来纯理科的生物学分支，发展成为与应用科学相结合的复杂学科，生态学的内容也与其他学科结合，发展为一门综合性学科，生态学正在高速度地与社会学、经济学、法学等人文科学相互渗透，产生一些边缘学科。所以，一些生态学者称现在的生态学是社会科学与自然科学的桥梁。

生态学在理论上存在着不同的认定，大体上说，环境与生物的关系大致可分为三种：一是物理环境与特定生物的关系，二是其他生物与特定生物的关系，三是物理环境与其他生物的关系。

上述关系中包括两类因子：一是生物因子，包括人类、动物、植物和微生物。二是物理环境，包括大气、水、土地、风雨、阳光、湿度、温度、压力、污染物、营养物。生物被德国生物学家海克尔最早定位为动物，将环境分为无机环境和有机环境，后来，生物的内涵被扩大为植物、动物和微生物，而生态学的主体被广义的生态学扩大到海洋、城市、社会等领域。外界环境则包括生物环境和物理环境，生物环境如生物种内的关系、生物种间的关系、生物群聚、生态消长等，物理环境如水、空气、日光等。

事实上，无论是环境与生物之间，还是生物环境与物理环境之间，都存在着相互制约、相互影响的关系，一方面，环境为生物生存进化提供物质基础，反过来，生物会影响环境的状况，尤其是人类出现后，对环境的影响越来越大。这种规律同样适用于生物环境与物理环境的关系上。所以，可以说生态学不是孤立地研究环境或生物，应该是把环境与生物之间关系及其发展规律作为研究对象。

生态学自诞生起大致经历了个体生态学、种群与群落生态学、生态系统生态学、以生物圈各生态系统间相互关系为研究对象的生态学、以人类活动为主导的人与生物圈相互关系为研究对象的生态学几个阶段。我国的生态学者把现代生态学特征归纳为以下几点：一是以现代生态系统为中心；二是以时空耦合为主线；三是以人地关系为基础；四是以高效和谐为方向；五是以持续发展为对象；六是以生态工程为手段；七是以整体调控为目标。其中，最本质的特征是生态系统和生态建设两个核心概念。

在生态学应用领域，可分为积极应用和消极应用两个方面。

积极应用主要表现以下方面：首先，按照可持续发展原理的要求，保护生态环境，使其免受损害，既要满足当代人的需求，又不对后代人的需要造成损害；其次，建设生态环境，发挥人类对生态环境的积极作用，根据生态系统循环原理，提高废弃物回收利用率，促进可再生能源供给率，在正确认识生态系统平衡原理的基础上，通过人类的主观能动性，使失衡的生态系统恢复过来，使生态环境得以改善；最后，生态学原理在公共工程建设、观光旅游业、生态环境法治等领域都发挥着积极作用。

消极作用主要表现在以下方面：首先，根据生态系统平衡原理，维护自然的平衡，包括防止人口增长过快，滥用自然资源；其次，防治环境污染和破坏，也就是减少人类对生态环境的不利影响。

（二）生态系统

1935年，生态系统的概念由英国生态学者S.A.坦斯利最早提出，它是指特定地区内一切交互作用的生物及其环境组成的功能整体。它是现代生态学的中心课题，也是本书的核心概念，生态系统理念将贯穿生态环境法制建设的全过程。

生态系统非常复杂，一个系统套着一个系统，一个系统与另一个系统交叉，等等，每个生态系统又都是生物界的基本单元，人类居于其中。

生态系统大致有两部分构成：一个是有生命部分，一个是无生命部分。有生命部分包括生产者、分解者和转变者、消费者三大类。生产者是指单细胞藻类及绿色植物，其作用主要是吸收能量，并产生有机物质，它构成了生态系统的基础；分解者和转化者是指有分解能力的有机物，分解者包括一部分真菌和细菌，其作用主要是将生物尸体分解为可溶性物质，然后进行化学分解，转化者是指另一部分细菌，它们将无机物转化为营养供植物利用，它们保证着生态系统的物质循环；消费者是指所有动物，其主要是消耗有机物。在生态系统的这三类主体当中,生产者、分解者和转化者是必要成分,消费者为非必要成分。无生命部分包括空气、水、阳光等,这些物质决定着生态系统的稳定演变和独立存在。

(三)生态平衡

每一个生态系统都经历产生、发展、成熟的过程,在一个正常的生态系统中,其功能和结构包括各种种群的比例和生物种类的组成以及持续进行着的能量流动和物质循环都处于一个相对稳定的状态。在生态学上,我们把生态系统的这种相对稳定状态称之为生态平衡。生态系统平衡是生物圈保持正常的重要条件,它为人类提供稳定的物质资源和适宜的环境条件。

生态系统平衡是动态的、相对的,生态系统具有自我调节能力,生态系统越复杂,物质循环渠道就越多,生态系统自我调节能力也就越强,反之则若。影响生态系统平衡的因素主要有两个方面:一方面是自然原因,主要是地震、洪水、干旱、海啸等各种自然灾害,另一方面人类对于生态环境的污染和破坏,而人为因素对生态系统造成的不良影响是不易恢复的。

针对人为因素造成生态失衡不易恢复这一特征,要求我们人类一方面应该尊重自然规律,保护生态平衡,防止对生态平衡人为的破坏,另一方面按照现代生态学提出的生态系统优化模型,培育相对脆弱的生态环境,改造遭到破坏的生态环境。

二、生态环境问题与生态环境保护

(一)生态环境问题

生态环境问题是指在自然原因或人类活动的作用下发生的不利于人类生存和发展的环境结构和状态变化的现象。它是当今人类所面临的最重要的问题之一,也是涉及人类能否长久持续发展的问题。

产生生态环境问题的原因有两个方面：一是自然原因，如山洪暴发、地震、火山爆发等，这些都是会给人类带来灾难的环境问题。二是人为原因，如人们砍伐森林，可以造成水土流失；破坏土地植被，可以致使土地荒漠化；排放过多的废水，可以造成水体污染；排放过多废气，可以造成大气污染等。

根据生态环境问题发生原因，可以把生态环境问题分成两大类：

1. 原生生态环境问题

原生生态环境问题，又称第一生态环境问题，是指由于自然原因使生态环境的结构和状态发生不利于人类生存和发展的现象。如火山爆发造成的大气污染和山洪暴发造成的水土流失等。这类生态环境问题自古有之，即使是在人类出现以前，它的发生，在大多数情况下人类还难以预见和预防。在法律上称其为"不可抗力"。

2. 次生生态环境问题

次生生态环境问题，又称第二生态环境问题，是指由于人类不恰当地开发利用生态环境而使生态环境的结构和状态发生不利于人类生存和发展的现象。这类生态环境问题是伴随着人类的出现而产生的，并随着人类数量的增多和人类改造自然环境能力的增强而加剧。如果能合理利用开发自然环境，在很大程度上人类就可以避免或减缓这种生态环境问题的发生。

当代的生态环境问题主要指次生生态环境问题，也就是由于人类自身的原因所引发的生态环境问题。

在原生生态环境问题和次生生态环境问题之间存在着一定的联系，有时我们不能把它们分开来看。原生生态环境问题虽然非人力所为，但有些却是人类活动引起的。如修建大型水库而可以诱发地震；砍伐水源保护林可引起山体滑坡、泥石流肆虐、洪水泛滥；人类排放的大气污染物可形成酸雨等。因此，虽然次生生态环境问题是生态环境法所要解决的主要问题,但也有必要包括由次生生态环境问题而诱发的原生生态环境问题。

次生生态环境问题表现为两种形式:一是生态环境破坏,一是生态环境污染。

生态环境破坏,是指由人类活动引起的生态退化及由此而衍生的生态环境效应。它可以使一个或多个生态环境要素质量降低,数量减少,从而降低甚至至破坏它们的生态环境效能,致使生态平衡遭到破坏。其主要表现形式有围海造田、围湖造田,盲目地开垦荒地、荒山、荒滩,滥砍滥伐森林,掠夺性捕捞,过度用水,过度放牧,不合理地灌溉,乱采、乱挖、乱猎,不恰当地兴建工程项目等。其后果表现为土地沙化、盐渍化、潜育化,水土流失,风蚀,物种灭绝,地面沉降,森林消减,气候条件恶化,水荒等。

生态环境污染,是指由于人类活动直接或间接地向生态环境排入了超过其自净能力的物质或能量,从而使生态环境的质量降低,以致影响人类及其他生物正常生长和发展的现象。

在环境法中常常以环境质量标准来衡量一个环境是否适合人类及其他生物正常生存和发展。因此,从生态环境法的角度讲,所谓环境污染,是指人类活动向生态环境中排放的物质或能量使其在生态环境中的数量、浓度或强度超过了适用于该生态环境的生态环境质量标准的现象。其表现形式为向生态环境中排放废渣、废水、废气以及各种有害物质和能量。其后果是:生态环境的正常的物质组成和结构被打破,使生态环境的质量下降,威胁到人类的生存、发展以及其他生物的正常生长。

生态环境污染有不同的表现,按照不同的标准有不同的分类。按引起污染的物质性质不同,可分为生物性污染、化学性污染、物理性污染;按被污染的环境要素不同,可分为土壤污染、水污染、海洋污染、大气污染等;按受污染的范围大小不同,可分为外层空间污染、全球性污染、区域性污染和局部性污染。

在多数情况下，产生环境污染的原因是由于污染源排放了污染物。污染物和污染源是生态环境法中常常出现的两个概念。

污染物是指进入生态环境后能够直接或者间接危害人类的物质。按受污染物影响的环境要素不同，可将其分为土壤污染物、水污染物、大气污染物等；按污染物的性质不同，可将其分为生物污染物、物理污染物和化学污染物；按污染物的形态不同，可将其分为固体污染物、液体污染物、气体污染物、能量污染物等。

污染源是造成环境污染的发生源，是指向生态环境排放有害物质或对生态环境产生有害影响的场所、设备和装置。按人类活动的功能不同，可将其分为生活污染源、工业污染源、交通运输污染源、农业污染源等；按污染物排放的空间不同，可将其分为面污染源和点污染源；按污染物的排放种类不同，可将其分为无机污染源、有机污染源、热污染源、病原体污染源、噪声污染源、辐射污染源和同时排出的多种类污染物的混合污染源等。

生态环境问题在人类历史上和生产力发展的不同阶段上有着不同的表现形式，其危害后果和危害程度也因时而异、因地而异。

当今世界面临的生态环境问题主要有臭氧层消耗、大气污染、海洋污染、气候变暖、有毒化学品和危险废物污染、淡水资源匮乏和水体污染、森林过度砍伐和退化、土地退化和荒漠化、生物多样性丧失等。

就我国当前的生态环境问题而言，除了世界共同面临的生态环境问题以外，我国的持久性有机物、重金属、化学品、雾霾等污染凸显，因生态环境污染而引发的群体性事件时有发生，生态环境污染矛盾突出，是粗放发展方式所造成的结果。

因此，我国政府在2014年政府工作报告中指出，我们必须加强生态环境保护，下决心用硬措施完成硬任务。出重拳强化污染防治，我们要像对贫困宣战一样，坚决向污染宣战。推动能源生产和消费方式变革。努力建设生态文明的美好家园。

（二）生态环境保护

生态环境问题的产生、解决与人类社会的发展息息相关。人类对生态环境的认识和利用与生态环境的演变之间存在矛盾，人类对自然规律的认识水平在一定时间里还有一定的局限性，因此，只要人类社会存在，就会产生生态环境问题。

人类社会初期，生态环境问题主要表现为作为食物的野生动植物的减少。随着人类社会的发展，森林草原的减少和破坏，引发了区域性的生态环境问题。进入工业社会，人类改造和利用自然的能力增强，消费和需求都有了很大的变化，对资源的消耗急剧增长，废弃物的排放越来越多，由此带来的生态环境问题是多方面的，主要表现出生态环境污染和生态环境破坏两种情况，并由此产生臭氧层破坏、酸雨、温室效应等一系列生态环境问题，引发全球性的生态环境危机。

面对着这一系列的生态环境问题，1972年的联合国环境大会上明确提出"环境保护"这样一个概念，并受到国际社会的广泛重视。

1. 环境保护定义

环境保护是指人类为解决现实的或潜在的环境问题，协调人类与环境的关系，保障经济社会的持续发展而采取的各种行动的总称。其方法和手段有工程技术、行政管理、法律、经济、宣传教育等。

环境保护与环境管理是两个既有联系又有区别的概念。环境管理是指在环境容量允许的范围内，以环境科学的理论为基础，运用各种管理手段对人类影响环境的活动进行的调节和控制。其目的是协调社会经济发展与环境的关系，保护和改善环境。它的目的、手段和产生的前提与环境保护都是相同的，只是主体范围、活动性质有所不同。

2. 环境保护的主要内容

对环境保护内容的认识，是有一个发展过程的。

在20世纪50年代，由于人们对环境保护的认识还不甚清晰，通常认为环境保护只是固体废物的处置以及大气和水污染的治理，认为环境保护只是局部地区的个别问题。时至今日，随着对环境问题认识的加深，环境保护已不再是一个陌生的概念，环境保护也已不再是只关注污染问题，而是在综合考虑资源与环境承载能力的基础上，调整科学技术与生产力发展方向，调整经济运行模式，控制人口数量，按照生态规律来重建人与自然环境之间的关系，使其不断趋于和谐。其内容包括以下几个方面：

（1）预防和治理由生产活动、生活活动而引起的环境污染。包括：防治由交通运输活动而产生的有害气体以及由废液和噪声形成的污染，防治由工业生产排放的"三废"、放射性物质、尘粉以及产生的恶臭和电磁辐射、振动、噪声等污染，防治人们日常生活使用的和工农业生产使用的有毒化学品和城镇生活排放的垃圾、污水、烟尘造成的污染。

（2）防止由开发和建设活动引起的环境破坏。包括：防止新城镇和新工业区的建设对环境的影响和破坏，防止农垦、沼泽地和海岸带的开发、矿产资源和森林资源的开发对环境的影响与破坏，防止大中型港口码头、铁路、大中型工业项目、大中型水利工程、机场和公路干线等工程建设对环境引起的破坏和污染等。

（3）保护有特殊价值的自然环境。包括珍稀物种及其生态环境的保护、人文遗迹的保护、特殊的自然发展史遗迹的保护、湿地的保护、生物多样性的保护、风景名胜的保护等。

此外，防止气候变暖防止、臭氧层破坏、国土整治、控制水土流失和荒漠化、城乡规划、植树造林、合理配置生产力、控制人口的增长和分布等也都属于环境保护的内容。

3. 环境保护是我国的一项基本国策

基本国策是一个国家经济社会发展的战略性对策，是立国之策。环境保护是继计划生育之后又一个基本国策。《环境保护法》第4条规定："保护环境是国家的基本国策。"环境保护在我国经济社会发展中的作用、地位以及我国环境状况决定了环境保护成为我国的基本国策。

自然界的发展规律是不依人的意志为转移的，但人类有着利用和改造自然的巨大能力。人类利用自然和改造自然的活动只有符合自然发展规律，才能与生态环境和谐相处，也才能使生态环境变得有利于人类的生存和发展。相反，违背自然发展规律，盲目改造自然，就一定遭到大自然的惩罚。开发利用自然最起码的要求就是按照自然发展规律维护和保持自然界应有的平衡，改善和恢复业已被人类活动破坏了的自然环境。

由于人类在不同时期对于环境有着不同的认识，因此，在处理人与环境的关系时，态度也就会有所不同，进而会影响到人类采取的环境保护的相应的手段和措施。其实，要想从根本上解决生态环境问题，关键是处理人与生态环境的关系问题，对于这个问题，人类有以下几个问题需要解决：

第一，人类是生态环境的主人还是生态环境的产物。人类与生态环境的关系问题一直以来就是一个重要的哲学问题，并对政治、经济、文化等领域产生深远的影响。人类经历了敬畏自然，征服自然，再到遭到自然报复等过程，然后重新定位人类在与自然关系中的位置，得出了人类与自然和平共处的平衡关系。

第二，人类生存发展是破坏掠夺资源还是合理利用和保护资源。人类在工业革命时代，对自然的掠夺达到空前程度，人类因此也遭到自然的报复。恩格斯在《自然辩证法》中指出："我们不要过分陶醉于我们对自然界的胜利。对于每一次这样的胜利，自然界都报复了我们。每一次胜利，在第一步都取得了我们预想的结果，但在第二步和第三步却有了完全不同的、出乎意料的影响，常常把我们第一个结果又取消了。美索不达米亚、希腊、小亚细亚以及其他各地的居民，为了想得到耕地，把森林都砍完了，但是他们想不到，这些地方今天竟因此成为荒芜的不毛之地，因为他们使这些地方失去了森林，也失去了积聚和储存水分的中心。"（《马克思恩格斯全集》第20卷，人民出版社，1971年3月版，第519页）因此，为了避免环境恶化使人类反受其害，我们应该维系生态平衡。

第三，面对日益严重的环境问题，人类是有所作为还是无所作为。在这个问题上，有些人认为，我们应该放弃发展，才能使环境问题得以缓解。还有一种观点，认为发展经济最重要，环境有自我调节能力，当环境自我调节对人类有害时，凭借着高速发展的经济带来的知识成果人类能够化解。这两种观点一个极"左"，一个极右，在这两个观点冲突碰撞中产生了可持续发展环境观，即既满足当代人的需求，又不对后代人的需求的能力构成威胁。

也就是说，我们人类应该有所作为，但这种作为应该以可持续发展理念为指导思想，而这个指导思想也正是建设生态文明的核心思想。

第二节　生态环境法

我们知道，环境保护的手段很多，包括行政、经济、法律、科学技术以及宣传教育等诸多措施，其中，法律手段是环境保护的基本保障，是构建生态文明的法治基础。因此，生态环境法制建设至关重要。

一、生态环境法概念和特征

1. 生态环境法概念

生态环境法是指国家制定或认可的, 为实现经济和社会可持续发展为目的, 调整因保护环境和自然资源, 防治污染和其他公害而产生的各种社会关系的法律规范的总称。(周珂《生态环境法论》, 法律出版社, 2001年3月第1版, 第34页)生态环境法是法与生态环境科技结合的法, 是综合部门法, 是以可持续发展为价值的法。

2. 生态环境法的特征

生态环境法作为现代法律体系的一个独立的法律部门, 除了具有一般法律本质和功能以外, 同时具有其自身的特点, 可以概括为以下几个方面:

(1)生态环境法是生态环境科技与法的结合

环境以生态为重心, 而生态则必须以自然科学为管理和控制的依据, 因此, 环境保护需包括法律对与环境保护相关社会关系的调整, 与环境科学技术相结合, 体现生态科学规律的要求。这些要求通常通过一系列操作规程、环境标准、技术规范等形式体现出来。首先, 生态环境法的立法中经常直接对大量术语和技术名词赋予法律定义, 并将环境技术规范作为生态环境法律法规的附件, 使其具有法律效力。其次, 环境执法和环境司法也同样需要生态环境科学技术的保证。但是, 环境技术规范与生态环境法律规范也不能等同, 不能以环境技术规范代替生态环境法律规范。

(2)生态环境法是社会法

生态环境法除了具有法的一般性质外, 还具有明显的社会法特征。

首先, 它的社会性表现在它与一些阶级性和政治职能较强的立法如宪法、刑法等不同, 它的产生并非来自不可调和的阶级矛盾, 而是人与自然矛盾的产物。生态环境法所规范和关注的是保障基本人权和社会公共利益,它反映的是社会全体成员的共同愿望和要求,代表着人类的共同利益,侧重社会领域的法律调整。

其次,生态环境作为全人类共同的生存条件,并不能为某国或某个人所独占或私有,它必须符合整个人类和整个社会的利益,是以社会利益为本位的法。所谓社会利益,是指公民对社会文明状态的一种需要和愿望。生态环境是人类的经济和社会发展的基础,是与经济社会发展的秩序密切相关的,因而是社会利益的重要组成部分。

(3)生态环境法是综合部门法

这是因为:第一,生态环境法的保护对象相当广泛,包括自然环境、人为环境乃至整个地球的生物圈;第二,法律关系主体既包括一般法律主体的公民、法人及其他组织,同时也包括国家乃至全人类,甚至还包括尚未出生的后代人;第三,生态环境法调整的内容相当广泛,不仅要防止大气污染、海洋污染、水污染、环境噪声污染、有毒化学品污染、放射性污染等,而且还要保护水资源、土地资源、森林资源、矿产资源、物种资源、草原资源、文化遗迹地和风景名胜资源等。

由于生态环境法涉及的社会关系复杂,运用的手段多样,调整的范围广泛,从而决定了其采取的法律措施的综合性。它可以适用宪法、刑法、行政法等公法予以解决,也可以适用民法予以私法救济,还可以通过国际法予以调整。生态环境法不但包括了上述部门法的实体法规范,也包括了程序法规范。新修订的生态环境法规定了教育、财政、农业、公安、任免机关、人民法院、监察机关等有关机关和部门都负有环保职责。

(4)生态环境法是以可持续发展为价值的法

生态环境法的价值是指生态环境法能促进主体的何种价值需

要。生态环境法除了具有一般法律的秩序、正义、效率、公平等价值以外，还具有自身特有的价值。生态环境法的自身价值集中体现在其立法目的上。

2014年我国新修订环保法把"促进经济社会可持续发展"规定为立法目的。比较分析各国生态环境法有关目的性条款的规定，可把生态环境法的目的分为两种：一是基础的直接目标，即协调人与生态环境的关系，保护和改善生态环境；二是最终发展目标，它包括两个方面，即保障经济社会的可持续发展与保护人群健康。世界上很多国家以保护环境为唯一目的，后者以早期日本生态环境法为代表，以保护环境和发展经济为并行目的。

各个国家的立法目的有所不同，即便同一国家，不同时期的立法目的也会有所不同。现代生态环境法以可持续发展为基本价值取向，其核心内容要求既要满足当代人的需要，又不能对后代人满足其需要的能力构成危害。这个内涵不是传统私法、公法所能包容的。传统公法是以国家利益为本位，对社会发展的关心不及对政权稳固与安全的关心。传统私法则以个人利益为本位，主要是关心自身的利益的。只有关注独立的社会利益并形成公共社会力量，以社会的可持续发展为最大关怀的法，才是社会持续发展最有力的法律保障。

二、环境法的目的和价值

(一) 环境法的目的

环境法的目的是指立法者在制定或认可环境法时所希望达到的目的或实现的结果。环境法的目的反映了环境法的发展程度和人类对自然环境的态度，决定着整个环境法的指导思想、调整对象及适用效应。环境法体现的是统治阶级的意志，因此，其目的主要取决于它的阶级性，但社会物质生活条件及可持续发展观对环境法的目的也都有一定的影响。

我国的2014年新《环境保护法》中所规定的立法目的是："为保护和改善环境，防治污染和其他公害，保障公众健康，推进生态文明建设，促进经济社会可持续发展，制定本法。"《水污染防治法》中规定的立法目的是："为防治水污染，保护和改善环境，保障饮用水安全，促进经济社会全面协调可持续发展。"《固体废弃物污染环境防治法》中规定的立法目的是："为防治固体废物污染环境，保障人体健康，维护生态安全，促进经济社会可持续发展。"《大气污染防治法》中规定的立法目的是："为防治大气污染，保护和改善生活环境和生态环境，保障人体健康，促进经济和社会的可持续发展。"可以看出，我国环境法的立法目的具有明显的二元论特征，即促进经济建设发展和保护环境资源。很久以来，我国环境法的二元目的在兼顾发展经济和保护环境中发挥了巨大的作用。

（二）环境法的价值

法的价值是指法这个客体对满足个人、群体、阶级、社会需要的积极意义。它有两个方面含义：一是法的工具性价值；二是法本身的价值。

1. 环境法的工具性价值

环境法的工具性价值是指国家通过环境法调整环境社会关系，以确立和维护特定利益和秩序的职能，它主要通过环境正义和环境秩序体现出来。环境法的工具性价值表现在：

（1）环境法的分配性价值

环境法的分配性价值是指环境法对社会财富的合理分配，以实现社会的稳定。环境法通过准物权制度、环境税费制度、排污权交易制度等，合理分配环境资源，通过可持续发展原则实现资源的代际分配，保证经济和社会的可持续发展。

（2）环境法的确认性价值

环境法的确认性价值是指环境法可把一定主体在社会物质生活

条件基础上产生的经济、政治、文化的需要和利益，通过法律的形式肯定下来，使之得到法律的保障。主要体现为环境法的各项基本原则，如人与自然和谐、可持续发展、环境责任原则等。

（3）环境法的衡量性价值

环境法的衡量性价值是指通过环境法律规范把一定的环境价值等级正式固定下来，成为衡量不同价值的标准。实现手段有：第一，在不同的价值之间发生冲突时，法律和法规选择哪些价值优先，即首先牺牲或损害哪一些价值还是首先保护哪一类价值，这在生态环境法中尤为重要。例如，我国环境法立法目的从经济优先转向环境优先、强行关闭严重污染环境企业、国家实行退耕还林等措施。第二，把法所要保护和分配的各种价值，按照其性质的不同，在不同的部门规定。如行政、民事、刑事等部门法及其与环境法的衔接，以及法律对环境保护事项的职能划分等。第三，把所要保护和分配的各种价值，把各种等级的不同价值，在不同的规范性法律文件中分别规定。比如，宪法规定国家环境保护职责，规定自然资源权属、公民环境基本权利等；法律规定环境保护的重大问题和各种自然资源要素的保护；环境保护具体事宜由地方法规和行政法规规定等。第四，根据价值等级的不同，规定出不同的对待方式。如环境法的规范包括鼓励、限制、保护、禁止等，其中鼓励性规范可细分为奖励性规范、提倡性规范和促进性规范。

（4）环境法的认识性价值

环境法的认识性价值是指环境法对人的实现环境资源价值的行为评价。比如环境影响评价制度中的公众参与，国际环境保护中的宣言、环境知情权、环境教育法等，均体现了环境法的宣传教育功能，它是提高公众环境意识的关键。

（5）环境法的保护性价值

环境法的保护性价值是指环境法有保护其确认和分配的价值，

包括对被侵害的权利的恢复和补救及对违法犯罪行为的惩罚两种。

2. 环境法本身的价值

环境法本身的价值是指环境法固有的、满足主体法律需要的价值。它是环境法区别于其他部门法的不能为其他部门法所取代的价值。主要通过环境法的特殊功能体现出来，主要表现在以下几个方面：

（1）环境法是实施可持续发展战略的重要法律手段

环境法通过规范和调整人们在改善、利用、保护和开发环境活动中所产生的各种社会关系，对不符合可持续发展的高消耗、高投入、低效益、低产出的粗放型经济增长方式予以制裁和禁止，对符合可持续发展的高产出、低消耗的集约型经济增长方式予以鼓励和促进，规定从源头抓起污染控制，采取清洁生产方式，尽可能减少对环境的损害程度，对已造成环境破坏和环境污染的，实行综合整治。

（2）环境法是防治污染和其他公害、保护环境的法律武器

环境法规定了保护、利用、开发环境的各种行为规范，规定了如何合理开发利用自然资源和保护自然环境，规定了各种环境标准，规定了环境法律主体在环境保护方面的权利和义务以及环境法律主体相应的法律责任和补救措施等。这些规定的执行，将会对保护环境和控制污染起到保障作用。

（3）环境法是国家进行环境管理的依据

当前，我国的环境管理不但离不开国家，在很大程度上还要强化国家的管理。而环境法不单规定了环境管理制度，还规定了各级环境管理部门的权限、职责、设置，规定了环境管理的措施及其实施程序，规定了环境管理关系和管理范围等，为我国环境管理提供了法律依据。

（4）环境法是加强国际环境保护合作的重要手段

许多环境污染都有全球性的特征，如海洋污染、大气污染等，因

此，只有国际社会加强国际环境合作，共同对付全球性环境问题所带来的威胁，才能使地球环境更有利于全人类的生存和发展。

国际环境法是以国家的环境权利和义务为主要内容的，因而，它的签署和实施是加强国际环境合作、维护国家环境权益的重要基础。

（5）环境法是增强全民环境意识的精神准则

环境意识是衡量文明程度和社会进步的标志之一。为了人类的生存和发展，就必须在全社会开展环境法制教育宣传，倡导良好的环境道德风尚，普及环境保护政策和环境科学知识。环境法是以法律的形式规定了环境保护和利用的是非标准，规定了环境保护的政策措施和行为规范，是提高全民环境意识的教材。

三、环境法的体系

我国环境法的最早环境法律规范是1973年国务院颁发的《关于保护和改善环境的若干规定》，这是我国出台的第一部综合性的环境保护行政法规。从1979年颁布我国第一部环境法律《中华人民共和国环境保护法(试行)》后，我国环境法制建设的步伐显著加快，出台了一系列与之相配套的法律、法规，使环境法成为我国法律体系中发展最为迅速的部门法。我国环境法体系的特点是：不同部门和层次的环境立法整合性有待提高，部门立法较丰富而地方和区域立法相对不足，一些空白领域亟待填补，重实体规定，程序规范相对欠缺。目前，我国环境法体系大致由7个部分组成：

1. 宪法性规定

宪法中关于环境保护的规定是环境法体系的基础，是创制各种环境法律、法规、制度的依据。我国宪法中相关规定主要包括：

（1）国家环境保护职责

规定维护生态平衡和保护环境是国家的一项基本职责。《宪法》第二十六条规定:"国家保护和改善生活环境和生态环境,防治污染和其他公害。"这一规定为环境立法和国家环境保护活动奠定了宪法基础。

（2）公民环境权利义务

很多国家宪法中都规定了公民有在良好的环境中生活的权利和保护环境的义务。我国《宪法》中虽没有直接规定公民的环境权利和环境义务,但其第五十一条规定:"中华人民共和国公民在行使自由和权利的时候,不得损害国家的、社会的、集体的利益和其他公民的合法的自由和权利。"这一规定被认为既是公民主张环境权的基础,也是防止滥用公民权利造成环境破坏和环境污染的基本环境义务规范。

（3）环境保护的基本政策和原则

我国《宪法》第九条和第十条规定:"国家保障自然资源的合理利用,保护珍贵的动物和植物。禁止任何组织或者个人利用任何手段侵占或者破坏自然资源。""一切使用土地的组织和个人必须合理地利用土地。"该两条宪法规定为自然资源的保护提供了依据。

2. 综合性环境基本法

《中华人民共和国环境保护法》1979年试行,1989年正式颁行。2014年4月24日修订重新发布新环保法,它是我国环境保护的综合性的基本法,该法对环境保护的重大问题作出了规定:

（1）规定了环境保护的基本原则和要求

一是规定了环境保护的基本理念:保护环境是国家的基本国策。国家采取有利于节约和循环利用资源、促进人与自然和谐发展的技术政策和措施,使经济社会发展与环境保护相协调。

二是规定了环境保护坚持的原则:保护优先、预防为主、综合治理、公众参与、损害担责的原则。

三是规定了环境保护的主要制度:环境影响评价、环境资源承载能力监测预警、跨行政区域联合防治、污染物总量控制、排污许可、生态保护红线等。

四是规定了保护自然环境、防治环境污染的基本要求和相应的法律义务：如加强对农业环境的保护，防止土壤污染、沙化和水土流失，建立环境保护责任制等。

五是规定了环境管理机构对环境监督管理的权限、任务以及单位和个人保护环境的义务和法律责任。

（2）规定了环境保护的对象

影响人类生存和发展的各种天然的和经过人工改造的自然因素的总体，包括大气、土地、水、海洋、矿藏、湿地、森林、草原、野生生物、人文遗迹、自然遗迹、风景名胜区、自然保护区、城市和乡村等。

（3）规定了环境法的基本任务

保护和改善环境，防治污染和其他公害，保障公众健康，推进生态文明建设，促进经济社会可持续发展。

2014年4月24日第十二届全国人民代表大会常务委员会第八次会议通过了环保法修订案。本次修订是实质性、全面性、体系化的修订，主要涉及完善环境保护基础支持、完善监管体系、更新指导理念、协调规范体系、平衡责任分配、严格法律责任、丰富强制措施及完善环境治理制度体系等多方面的内容，确立了《环境保护法》在环境保护领域的基础性法律地位。新修订的环境保护法在总则中强化了环境保护的战略地位，将环境保护融入经济社会发展中。新法增加规定了保护环境是国家的基本国策，并明确环境保护坚持保护优先、预防为主、综合治理、公众参与、污染者担责的原则。将生态保护红线制度首次写入法律，加大了对污染企业惩罚力度，确定了环境信息公开和公众参与制度，确立了环境公益诉讼制度，确定了污染治理的联合协调机制，针对恶意严重排污的行为实行行政拘留和刑事处罚, 完善了排污许可管理制度, 完成环境保护税与征收排污费的衔接, 突出强调政府环境监督责任、质量责任和法律责任。

3. 环境保护单行法

环境保护单行法是以宪法和环境保护基本法为依据, 针对特定污染防治对象或特定保护对象或者就环境保护特定方面而由全国人大常委会制定通过的单项法律。包括:

一是综合管理性的环境保护单行法、自然资源保护单行法、污染防治单行法。综合管理性的环境保护单行法包括《环境影响评价法》、《循环经济促进法》、《清洁生产促进法》等。这些法律不是为了保护某一环境要素或者资源, 而是对适用于自然资源保护和多种环境要素的环境影响评价制度、循环经济制度、清洁生产制度等进行规定。污染防治单行法是传统的环境保护法中最重要的规范, 在单行法中数量也最多。

二是较重要的单行法, 包括《水污染防治法》、《海洋环境保护法》、《放射性污染防治法》、《环境噪声污染防治法》、《大气污染防治法》、《固体废物污染防治法》等。自然资源保护单行法是自然资源利用、管理和防治对该类自然资源污染和破坏的法律规范。比较重要的法律法规有《土地管理法》、《渔业法》、《水法》、《矿产资源法》、《森林法》、《野生动物保护法》、《草原法》、《水土保持法》、《城乡规划法》等。

4. 其他部门法中的环境保护规范

由于环境保护的复杂性和广泛性, 即便专门的环境立法很多, 也仍然不能将涉及环境的所有社会关系都纳入到调整范围, 而其他的部门法, 如刑法、民法、诉讼法、经济法、劳动法、行政法等包含了大量的关于环境保护的法律规范, 这些规范可以从不同的角度对涉及环境的社会关系进行调整, 因而极大丰富了环保法律法规的救济与惩治的内涵。这些法律规范依据本身的效力层级而归入到相应的位阶,这些法律规范也是我国环境法体系的重要组成部分,如《刑法》分则第六章第六节"破坏环境资源保护罪"的规定,《民法通则》124条关于侵权责任承担的规定等。

5. 环境保护行政法规

环境保护行政法规是由国务院制定颁布的,它的效力低于宪法和法律,而高于地方性法规和行政规章。环境保护领域的行政法规数量非常庞大。首先,对于全国人大及常委会颁布的法律应该制定的实施条例或实施细则,一般都是由国务院以行政法规的方式实现的;其次,对于还没有纳入全国人大常委会的立法规划或者立法暂时还不成熟但又亟待予以规范的事项,往往是先由国务院制定行政法规来先行管理规范,待条件成熟后再提请全国人大常委会制定法律。

自1979年以来,伴随着大量环境单行法的出台,往往会配套出台数量更多的行政法规。如,1982年《海洋环境保护法》通过后,陆续多个海洋环境保护的行政法规出台,包括:《中华人民共和国防止船舶污染海域管理条例》(1983年)、《中华人民共和国海洋石油勘探开发环境保护管理条例》(1983年)、《中华人民共和国海洋倾废管理条例》(1985年)、《中华人民共和国防止拆船污染环境管理条例》(1988年)、《中华人民共和国防治海岸工程建设项目污染损害海洋环境管理条例》(1990年,2007年9月修订)、《中华人民共和国防治陆源污染物污染损害海洋环境管理条例》(1990年)、《防治海洋工程建设项目污染损害海洋环境管理条例》(2006年)。

6. 环境保护地方性法规、行政规章

我国各个省、自治区、直辖市以及有地方立法权的较大的市的人大及常委会有制定地方性法规的权力,他们可以根据本地实际情况,对国家颁布的法律、行政法规出台更为详细的适用于本区域的实施办法,他们也可以针对本区域的特定情况制定地方性法规。有权制定地方性法规的人民代表大会所属的人民政府,有制定地方性规章的权力。在环境保护领域,地方性环境保护法规、规章数量非常多,但大多是针对全国性法律法规的实施办法,内容和法律法规重复较多。

以北京市为例,北京市现行有效的地方环境保护法规有北京市实验动物管理条例、北京市实施《中华人民共和国渔业法》办法(修正)、北京市实施《中华人民共和国水法》办法、北京历史文化名城保护条例、北京市公园条例、北京市市容环境卫生条例、北京市实施《中华人民共和国水污染防治法》办法、北京市实施《中华人民共和国防震减灾法》办法、北京市实施《中华人民共和国节约能源法》办法、北京市实施《中华人民共和国大气污染防治法》办法、北京市城市河湖保护管理条例、北京市森林资源保护管理条例、北京市密云水库怀柔水库和京密引水渠水源保护管理条例(修正)、北京市矿产资源管理条例(修正)、北京市古树名木保护管理条例、北京市实施《中华人民共和国野生动物保护法》办法、北京市城市绿化条例(修正)、北京市水利工程保护管理条例(修正)、北京市郊区植树造林条例、北京市实施《中华人民共和国水土保持法》办法(修正)、北京市实施《中华人民共和国土地管理法》办法、北京市基本农田保护条例、北京市城市规划条例等35件。

7. 国际法中的环境保护规范

我国参加并已对我国生效的专门性国际环境保护条约中的环境保护规范和一般性国际条约中的环境保护规范,包括我国参加或缔结的有关环境资源保护的多边、双边协定以及国际条约及履行这些条约和协定的国内法律等,也是我国环境法体系的重要组成部分。

目前,我国参加的重要的环境保护国际条约有《控制危险废物越境转移及其处置巴塞尔公约》、《联合国海洋法公约》、《保护臭氧层维也纳公约》、《南极环境保护议定书》、《生物多样性公约》、

《气候变化框架公约》等。我国宪法规定,经过我国批准和加入的国际条约、公约和议定书,与国内法同具法律效力。但当国际法与国内法发生冲突时,优先适用国际法。

四、环境法的基本原则

环境法的基本原则是指为我国环境法所规定或体现的,调整因保护和改善环境而产生的社会关系的基本准则,它以实现可持续发展为目标,适用于所有的环境保护法律法规,贯穿于整个环境法体系,反映环境法本质和特征,对贯彻和实施环境法具有普遍的指导作用。

环境法基本原则的基本要求:第一,环境法是环境保护的方针政策在法律上的宏观体现,是贯穿于整个环境法的具有普遍意义的指导性规范;第二,必须全面贯彻于环境法律规范的始终,弥补具体法律规范对环境法律关系调整的不足;第三,必须在环境法律法规中有所体现,反映环境法的本质与特征,以环境可持续发展为目标;第四,是在一定时期内,根据环境问题的特点以及对环境问题的认识形成的,是国家之间基于国情和法律制度的不同,对环境法律基本原则也各有取舍和侧重。

2014年环保法第五条规定的我国生态环境保护的五项基本原则是:保护优先、预防为主、综合治理、公众参与、损害担责。

(一)保护优先原则

1.概念和意义

2014年环保法规定,环境保护坚持保护优先原则。该原则宏观上是指:按照环境保护基本国策的要求和经济社会发展与环境保护相协调的要求,在处理经济社会发展与生态和环境保护的关系时,要把生态和环境保护放在较优先的位置予以考虑和对待。狭义上是指:在环境保护管理活动中应当把环境保护放在优先的位置加以考虑, 在环境利益和其他利益发生冲突的情况下, 应当优先考虑环境利益, 做出有利于环境保护的决定。

这项原则表明, 我国在经济社会发展与环境资源保护这对矛盾中, 后者已成为矛盾的主要方面, 亦是瓶颈性问题。在对待自然资源的问题上, 自然资源保护比开发利用具有优先性。我国以往的理念和原则是对环境资源保护基本上都是开发利用优先于环境保护, 这是不能满足经济社会可持续发展要求的。开发利用和保护是一对矛盾, 当二者发生冲突时, 我们要按照法律的规定, 落实环境和自然资源保护。在对待生态环境问题上, 当经济建设与生态环境保护发生冲突时, 要优先保护生态环境, 经济社会发展要满足生态环境保护的需要。

2. 产生和发展

这项原则是由"环境保护与经济社会发展相协调"原则发展而来, 它们都旨在确立和调整经济社会发展与生态环境保护的关系, 而保护优先原则使对这种关系的表达更加清晰与合理。

保护优先原则是国际生态环境保护的基本趋势。例如,《欧盟条约》中将确立的"高级保护原则"作为生态环境政策和法律中的一项基本原则, 规定: 共同体的环境政策应该瞄准高水平的环境保护, 考虑共同体内各种不同区域的各种情况。该政策应该建立在防备原则以及采取预防行动、环境破坏应该优先在源头整治和污染者付费等原则的基础上。这不仅是对共同体的生态环境措施提出了严格的生态环境质量的要求, 而且也体现了明显的保护优先的政策方向。又如, 于2002年颁布的《俄罗斯联邦环境保护法》第三条规定: 为保证可持续发展和良好的环境, 将国家、社会和人的社会利益、经济利益和生态利益科学合理地结合起来; 自然生态系统、自然综合体和自然景观保全优先; 根据环境保护的要求, 确定经济活动和其他活动影响自然环境的容许度; 禁止对环境的影响后果无法预测的经济活动和其他活动，禁止实施可能导致自然生态系统退化，植物、动物及其他生物体遗传基因改变和丧失，自然资源衰竭和其他不良环境变化的方案。明确地将"环境保护优先"规定为生态环境管理的一项基本原则。

国务院2006年通过的《国民经济和社会发展第十一个五年规划纲要》是我国最早规定保护优先的规范性文件，其中确立了国土空间的主体功能区区划制度，要求在不同的功能区采取不同的环境保护措施和经济发展策略。其中在限制开发区域发展方向的规定中提出"坚持保护优先、适度开发、点状发展"的要求。我国2014年新环保法中有关生态安全、生态红线、环境健康、基本国策以及考核评价制度和环境保护目标责任制等，都是以保护优先原则为前提和基础提出制定的。

3. 内容和实施

保护优先原则的贯彻和实施首先体现在观念的确立上。首先，体现在总则规定的立法目的、环境义务、政府环境责任、基本国策上。其次，体现在环境管理上，环境保护工作实施统一监督管理（第十条），组织制定经济、技术政策，应当充分考虑对环境的影响（第十四条），可以制定严于国家环境质量标准的地方环境质量标准（第十五条），可以制定严于国家污染物排放标准的地方污染物排放标准（第十六条）等。再次，体现在保护和改善环境的制度上，如生态保护红线制度（第二十九条），自然资源合理开发、保护生物多样性、保障生态安全（第三十条）、生态保护补偿制度（第三十一条），以及环境公益诉讼制度，排污许可、公共监测预警、总量控制制度等。

（二）预防为主原则

1. 概念和意义

预防为主原则，是指国家在环境保护工作中采取各种预防措施，防止环境问题的产生和恶化，或者把环境污染和破坏控制在能够维持生态平衡，保护人体健康和社会物质财富及保障经济、社会持续发展的限度之内，并对已造成的环境污染和破坏积极治理的原则。

这项原则是现代生态环境保护的灵魂。传统的环境保护仅限于对环境污染和环境破坏造成的后果予以事后补救，对生态环境问题的事前防范功能有限，而生态环境一旦遭受污染和破坏后，要消除其危害往往又比较困难，有些后果甚至是无法补救的。预防为主原则是对传统生态环境保护的重大发展，是积极的防治。预防为主是针对当代生态环境问题的特点，结合国内外防治生态环境污染和生态环境破坏的经验教训提出的。许多西方工业国家在经济发展的过程中走了一条"先污染后治理"的道路，他们虽然也制定了一些法律，但大多都是采取头痛医头、脚痛医脚的方法，往往仅仅针对某一特定环境要素作出了保护规定，而未将生态环境作为一个整体来对待。从早期生态环境法所依据的侵权法制度、相邻权制度的法律原则来看，不可能包括预防为主的内容，它们基本上都是基于民法的具有事后救济性质的损害赔偿制度。到上个世纪60年代，随着生态环境危机的频繁发生，人们逐渐意识到生态环境预防的迫切性与重要性，提出了"与其在环境问题出现后治理，不如在未出现前就预防"的观点。

2. 产生和发展

1980年联合国环境规划署起草的《世界自然资源保护大纲》首先提出了"预期的环境政策"，要求任何可能引起环境污染的重大决定都能在其最早阶段就充分考虑到资源保护及其他的要求。由此，预防为主的原则受到世界各国的重视，并逐步成为国家立法和环境管理中的重要指导原则。

我国2014年新环保法第十九条规定的"编制有关开发利用规划，建设对环境有影响的项目，应当依法进行环境影响评价；未依法进行环境影响评价的开发利用规划，不得组织实施；未依法进行环境影响评价的建设项目，不得开工建设"，均体现了这一原则的要求。此外，各环境保护单行法中也有相关内容的规定，环境保护工作中的环境影响评价制度、清洁生产和循环经济制度、"三同时"制度、排污收费制度、排污许可制度、限期治理制度等，都体现了这项原则的要求。

3. 内容和实施

生态环境法确定这一原则主要是由生态环境问题本身的特点决定的：

（1）环境污染和环境破坏所造成的危害通常具有缓释性，在空间和时间上的可变性很大，具有不确定性和难以预见性，加之科学技术的局限，使人类对损害生态环境的活动所造成的影响和后果往往难以及时发现。

（2）环境污染和环境破坏往往会造成比较严重的后果，对人体健康危害极大，极可能导致一些疾病的发生，而这些疾病通常不易被发现也不易治疗，使受害人的合法权益受到侵害而无法得到救济。

（3）环境污染和环境破坏一旦就出现很难恢复与消除，甚至具有不可逆性，如地下水污染、重金属污染等。

（4）治理环境污染和环境破坏的成本高昂，往往需要投入巨额资金。

贯彻这一原则的具体要求包括根据我国生态环境法的相关规定，严格控制新的环境污染和环境破坏，严格落实环境影响评价制度和"三同时"制度，进一步加强对建设项目的环境管理，加强环境监测，建立环境突发事件预警和应对预案，对可能造成重大污染的企业事业单位采取加强防范措施，建立以预防为主的生态环境保护责任制度，采取有效措施以防止造成各种环境污染和环境破坏等。

（三）综合治理原则

1. 概念和意义

综合治理原则是指：法律规定一切单位和个人都有保护环境的义务，并通过行政的、市场的和自治的等各种机制和手段，积极有效地治理环境问题。它是公共治理与协商民主理念在环境保护中的体现。

这项原则体现在2014年新修订的环保法第六条："一切单位和个人都有保护环境的义务。地方各级人民政府应当对本行政区域的环境质量负责。企业事业单位和其他生产经营者应当防止、减少环境污染和生态破坏，对所造成的损害依法承担责任。公民应当增强环境保护意识，采取低碳、节俭的生活方式，自觉履行环境保护义务。"

这项原则体现了民主法治与现代环境保护相结合的客观要求。早期的生态环境保护往往是单纯的政府行政管理行为，企业只是管理的对象而非治理生态环境的主体，而公众对生态环境保护也仅限于从污染受害者的角度的关注。治理手段主要局限于环境行政管理和对个别环境案件的司法审判。这种机制远远不能满足生态环境保护工作的实际需要，也不利于对生态环境污染和生态环境破坏的有效遏制。另一方面，生态环境治理是国家治理能力的重要组成部分，提高国家环境治理能力客观上要求把民主法治更多地引入到生态环境保护工作当中。

2. 产生和发展

上世纪70年代，我国生态环境保护工作的三十二字方针中就有大家动手、综合利用、化害为利的提法，这是生态环境综合治理原则的雏形，并在生态环境保护工作中收到良好的效果。

上世纪八九十年代以来，公共治理和协商民主的理念逐步进入生态环境保护领域，这些理念在一些重要的国际环境保护公约和宣言中都有所体现。

环境民主协商机制实际上是政府、市场、公民社会三方互动来解决生态环境问题的一套运行机制。在2013年11月15日《中共中央关于全面深化改革若干重大问题的决定》中提出，民主协商是我国社会主义民主政治的独特优势和特有形式。全会决定把推进民主协商广泛多层制度化作为发展政治体制改革的一项重要内容。强调在党的领导下，以社会发展重大问题和涉及群众利益的实际问题为内容，在全社会开展广泛民主协商，坚持协商于决策之前和实施之中。

生态环境与人民生活和整个社会发展密切相关，生态环境问题不仅是我国经济社会发展面临的重大问题，也是涉及群众切身利益的实际问题，生态环境问题的解决，是一项系统工程，也是新时期生态文明建设的全民战役。

民主协商机制在生态环境保护中的重要体现是生态环境公共治理。所谓公共治理一般是指政府及其他组织组成自组织网络，共同参与公共事务管理，谋求公共利益的最大化，并共同承担责任的治理形式。公共治理区别于政府治理，在公共治理理论的视野下，政府、公民社会与市场不是唯一的治理主体，他们三者之间的互动、合作成为必然的选择。政府、公民社会与市场这三种机制运行中存在各自的优势与不足。公共治理的理论基础是政府、市场与公民社会的三方互动。为了实现公共领域的良好治理，应当而且必须建立起三者良性互动的治理机制网络，在互动中开辟增进社会公共利益、解决社会公共问题的有效途径。2013年北京市出台的《大气污染防治条例》第二章为共同治理。其定义为："防治大气污染应当建立健全政府主导、区域联动、单位施治、全民参与、社会监督的工作机制。"此外，我国在这一时期生态环境立法和政策性规范文件中也越来越多地体现出公共治理的要求。2014年新修订的环保法正式把综合治理确定为我国生态环境保护的基本原则，而公共治理是环境综合治理最重要的工具和理念。

3. 内容和实施

综合治理在我国新环保法中主要体现在以下几个方面:

(1) 治理主体的多元性

新环保法体现了政府、个人和企业环保公共治理的新机制和新理念。政府、个人、企业三者都有生态环境保护的义务,三者的特点及相互关系是: 政府负责、个人自觉、企业积极。

政府负责: 以往我国环保法对于政府的规定偏重于权而失之于责,而此次修订的环保法大大加强了政府的生态环境责任,这是我国新的生态环境保护的着力点。

个人自觉: 我国目前公众环保意识要加强,要把生态保护与个人修养的提高和追求文明生活方式结合起来。生态环保理想状态不是管出来的,而是通过大家自觉行动共同创造出来的。

企业积极: 以往我国企业在环保法中的角色是被管理者,是被动的,很少积极主动地参与生态环境保护。西方一些国家的企业在环保中的表现是非常积极的。一些重要的环境法规均出自企业的自律规范,如电子电器废物处理的立法。对比起来,我国企业在环保上的路还有很长要走,我们要以新环保法为契机,更加积极主动地参与环保。

(2) 治理机制的综合性

生态环境保护要求全社会全方位齐抓共管、相互配合,实现治理的系统化。我国生态环境法规定了农业、财政、教育、公安、人民法院、监察机关、任免机关等有关部门和机关的环保职责,规定了各级人民政府、环境保护主管部门和各有关部门的环境保护职责。

(3) 治理途径的多样性

特别注重运用经济政策和市场手段,客观上要求政府转换职能,刺激发挥市场机制作用,鼓励公民社会参与,而且强调政府、市场与公众三者的结合。我国生态环境保护的一些制度如生态补偿、排污权交易与碳排放交易、第三方治理、企业环保诚信制度、环境污染责任保险合同能源管理、环保税、政府绿色采购等，都体现了综合治理的特点。

（四）公众参与原则

1. 概念和意义

公众参与原则，亦称依靠群众保护环境原则、环境民主原则，是指生态环境的保护与自然资源的开发利用必须依靠公众的广泛参与，环境法通过各种法定的形式和途径确立公众在参与环境管理与保护中的资格，鼓励公众积极参与环境保护事业，保护他们对污染环境和破坏环境的行为依法进行监督的权利。

公众参与原则是提高环境效益、保障环境正义的具体要求。长期以来，我国环境法的产生和发展蕴含着行政主导的特点，公众参与的广度和深度十分有限。党的十五大提出建设社会主义法治国家的目标，公民的各项民主权利不断提升，公众参与原则在理论和实践方面都得到迅速发展。

正如民主、人权等概念那样，公众参与原则在各国环境法中也有不同的规定，这取决于一个国家的经济发展状况，以及由此决定的法制建设与民主程度。

我国把提高和强化全民族的环境意识和环境法制观念作为当前实施公众参与制度的主要任务，树立保护和改善生态环境的良好社会风气。生态环境保护是一项公益性事业，不仅关系到人民群众的切身利益、每个人的生活和健康，而且影响到社会的经济发展。只有通过宣传教育，使广大群众认识到生态环境保护的重要性，才能在全社会树立起保护生态环境人人有责的风尚，把保护生态环境变成全体公民的自觉行动。

2. 产生与发展

我国公众参与原则经历了一个不断发展完善的过程。

在1973年,中国第一次全国环境保护会议上提出的环境保护32字方针中就有"依靠群众,大家动手"的内容,具有公众参与的含义。

到了20世纪90年代初,《中国21世纪议程》强调"实现可持续发展目标,必须依靠公众及社会团体的支持和参与","需要新的参与机制和方式,团体及公众既需要参与有关环境与发展决策过程,特别是参与那些可能影响到他们生活和工作的社区决策,也需要参与对决策执行的监督"。这是我国公众参与环境保护的重要依据。

1991年,中国实施了一个由亚洲开发银行提供的环境影响评价培训项目,该项目提出要把公众参与机制引入在中国的环境影响报告书中的问题,引起中国政府和学者们的广泛兴趣,提出了一些立法建议。

1993年,由国家环保局、国家计委等部门联合下发的《关于加强国际金融组织贷款建设项目环境影响评价管理工作的通知》中,第一次明确提出了公众参与的要求,其第七条规定:"公众参与是环境影响评价的重要组成部分,《报告书》中应设专门章节予以表述,使可能受到影响的公众或社会团体的利益能得到考虑和补偿。公众参与工作可在《评价大纲》编制和审查、《报告书》审查阶段进行。"

1996年,修改后的《水污染防治法》第十三条规定:"环境影响报告书中,应当有该建设项目所在地单位和居民的意见。"

总的来说,我国的公众参与原则作为一项基本原则,地位日益提高,功能逐步加强。

3. 内容和实施

公众参与的功能旨在赋予公众环境知情权、环境参与权和环境监督权。2014年新修订的环保法新增了第五章"环境信息公开和公众参与",有关公众参与生态环境保护的权利有以下规定:

（1）公民、法人和其他组织依法享有获取环境信息、参与和监督环境保护的权利，即环境知情权

新环保法第五十三条规定："公民、法人和其他组织依法享有获取环境信息、参与和监督环境保护的权利。"第五十四条规定："国务院环境保护主管部门统一发布国家环境质量、重点污染源监测信息及其他重大环境信息。省级以上人民政府环境保护主管部门定期发布环境状况公报。县级以上人民政府环境保护主管部门和其他负有环境保护监督管理职责的部门，应当依法公开环境质量、环境监测、突发环境事件以及环境行政许可、行政处罚、排污费的征收和使用情况等信息。县级以上人民政府环境保护主管部门和其他负有环境保护监督管理职责的部门，应当依法公开环境质量、环境监测、突发环境事件以及环境行政许可、行政处罚、排污费的征收和使用情况等信息。"公民有权获得行政机关所掌握的环境资料，对工程项目、政府决策、环境状况等信息享有知情权，有权就有关生态环境问题向政府咨询并得到及时答复。建立健全政府信息公开机制，包括信息的内容、公开的程度、信息公开的机关、公开的时间、就相关问题进行咨询的途径、公民查询的方式等都需作出明确的规定。政府信息公开是享有公民环境知情权的关键。

（2）诉讼权利

首先是司法救济权。当公民的环境权益受到不法侵害时，应当能及时有效地诉诸法律，获得司法上的救济；公民的环境决策参与权、环境知情权受到非法侵害时，也能通过诉讼得到司法救济。其次是环境公益诉讼权利。符合条件的社会组织提起公益诉讼，人民法院应当依法受理。各级人民政府环境保护主管部门和其他负有环境保护监督管理职责的部门，应当依法为公民、法人和其他组织参与和监督环境保护提供便利。

新环保法第五十八条规定："对污染环境，破坏生态，损害社会

公共利益的行为，符合下列条件的社会组织可以向人民法院提起诉讼：①依法在设区的市级以上人民政府民政部门登记；②专门从事环境保护公益活动连续五年以上且无违法记录。符合前款规定的社会组织向人民法院提起诉讼，人民法院应当依法受理。提起诉讼的社会组织不得通过诉讼牟取经济利益。"

（3）排污单位必须公开自身环境信息、环评报告书全文

新环保法第五十五条规定："重点排污单位应当如实向社会公开其主要污染物的名称、排放方式、排放浓度和总量、超标排放情况，以及防治污染设施的建设和运行情况，接受社会监督。" 第五十六条规定："对依法应当编制环境影响报告书的建设项目，建设单位应当在编制时向可能受影响的公众说明情况，充分征求意见。负责审批建设项目环境影响评价文件的部门在收到建设项目环境影响报告书后，除涉及国家秘密和商业秘密的事项外，应当全文公开；发现建设项目未充分征求公众意见的，应当责成建设单位征求公众意见。"

（4）各级人民政府、环境保护部门必须公开环境信息，及时发布环境违法企业名单

县级以上地方人民政府环境保护主管部门和其他负有环境保护监督管理职责的部门，应当将企业事业单位和其他生产经营者的环境违法信息记入社会诚信档案，及时向社会公布违法者名单。

（5）环境行政听证权

我国《环境影响评价法》规定："除国家规定需要保密的情形外，对环境可能造成重大影响、应当编制环境影响报告书的建设项目，建设单位应当在报批建设项目环境影响报告书前，举行论证会、听证会，或者采取其他形式，征求有关单位、专家和公众的意见。""专项规划的编制机关对可能造成不良环境影响并直接涉及公众环境权益的规划，应当在该规划草案报送审批前，举行论证会、

听证会, 或者采取其他形式征求有关单位、专家和公众对环境影响报告书草案的意见。"1993年国家环保局、财政部、国家计委、中国人民银行联合发布的《关于加强国际金融组织贷款建设项目环境影响评价管理工作的通知》中规定: "……使可能受影响的公众或社会团体的利益能得到考虑和补偿……建设单位和环保部门直接听取贷款项目所在地(区、县)人大代表、政协委员、群众团体、学术团体或居委会、村委会代表的意见和建议。"

(6)国家保护和鼓励公民举报环境违法

新环保法第五十七条规定: "公民、法人和其他组织发现任何单位和个人有污染环境和破坏生态行为的, 有权向环境保护主管部门或者其他负有环境保护监督管理职责的部门举报。公民、法人和其他组织发现地方各级人民政府、县级以上人民政府环境保护主管部门和其他负有环境保护监督管理职责的部门不依法履行职责的, 有权向其上级机关或者监察机关举报。接受举报的机关应当对举报人的相关信息予以保密, 保护举报人的合法权益。"

我国各专项生态环境保护法律法规也对公民的环境保护公众参与权予以保障, 规范公众参与的各种途径和程序。如我国《水污染防治法》、《环境噪声污染防治法》等单行环境法律中关于环境影响报告书制度的规定, 将建设项目所在地单位和居民的意见作为环境保护的法定内容, 对公众参与权予以严格的法律保护。

(五)损害担责原则

1.概念和意义

损害担责原则是指任何对环境和生态造成损害的单位和个人都必须依法承担相应的法律后果。

首先, 新环保法第六十四条规定: "因污染环境和破坏生态造成损害的, 应当依照《中华人民共和国侵权责任法》的有关规定承担侵权责任。"即民事损害责任。其次, 新环保法第六条规定: "一切单位和个人都有保护环境的义务。地方各级人民政府应当对本行政区域的环境质量负责。企业事业单位和其他生产经营者应当防止、减少环境污染和生态破坏,对所造成的损害依法承担责任。公民应当增强环境保护意识,采取低碳、节俭的生活方式,自觉履行环境保护义务。"也就是说,造成环境损害所要承担的责任不仅是民事责任,还包括行政责任和刑事责任。

这项原则最充分地体现了环境保护所必须遵循的环境公平正义法则,用以消除环境成本外部化或所谓的外部不经济性,寻求利益与责任相一致的实质公平,是作为环境法重要法理学依据的民法原则的延伸。

2. 产生与发展

在过去相当长的时间内,生态环境被认为是无主物或公共资源,造成环境污染和环境破坏的组织或个人只要没有对他人人身和财产造成直接的侵害就不用承担任何责任。但随着生态环境问题的加剧,一方面,政府对越来越多的环境保护投资不堪负重;另一方面,生态环境问题也形成越治理越严重的恶性循环。其实,政府的环境支出实际上是全体纳税人的钱,个别人的不当行为而造成的生态环境问题却要由全体社会成员来承担,这有悖于法律的公平正义。1972年,经济合作与发展组织环境委员会在债权理论的基础上首次提出了环境民事法律责任的基础性原则——污染者负担原则,或称污染者付费原则,提出由污染者承担治理的费用。由于这项原则有利于防治环境污染和实现社会公平,所以很快得到了国际社会的普遍认可,许多国家把它确定为环境保护的一条基本原则。

在《我们的共同未来》中指出:"可持续性要求对决策的影响具有重要意义,可持续发展的目标必须纳入那些负责国家经济政策和计划的国会和立法委员会的职责范围,也就纳入关键的部门和负责国家政策的机构的职权范围,进一步说,政府的主要中央经济和专业部门现在就应承担直接责任与义务，保证他们的政策项目和预算不但促进经济上的可持续发展，而且也促进生态上的可持续发展。"1992年通过的《关于环境与发展的里约宣言》在原则十三中规定："各国应制定关于污染和其他环境损害的责任和赔偿受害者的国家法律。"在原则十六中规定："考虑到污染者原则上应承担排污费用的观点，国家当局应该努力促使内部负担环境费用。"环境责任原则的得到国际社会的认可。

环境责任原则在我国生态环境法中有一个发展完善的过程。1979年的《环境保护法(试行)》中规定了"谁污染谁治理"的原则，上世纪80年代后期我国实行自然资源有偿使用制度，这项原则随之增加了"利用者补偿"的内容，到1996年国务院发布的《关于环境保护若干问题的决定》则将这项原则完整地表述为"污染者付费、利用者补偿、开发者保护、破坏者恢复"。2014年新环保法将其确定为损害担责原则。

3. 内容和实施

（1）污染者付费，亦称污染者负担，指污染环境造成的损失及治理污染的费用应当由排污者承担，而不应转嫁给国家和社会。从经济学的角度看，生产经营活动所造成的污染应属于经营成本，如果经营者不承担这种成本，转而由国家和社会承担，是与传统民法的公平原则相背离的。

自20世纪70年代以来，污染者付费制度已被国际普遍承认，并为许多国家确定为生态环境保护法的一项基本原则。污染者负担主要是针对已经发生的污染，即事后的消极补偿，有时这一手段也并非十分奏效，有些污染者在缴纳了一定的排污费或排污税后，有恃无恐，仍继续排污。针对这种情况，许多国家采用了一种新的污染者负担的制度，即惩罚性赔偿制度。该制度规定，对那些为一己之利而故意违反生态环境法律法规，造成生态环境污染或生态环境破坏的单位或个人不仅责令其赔偿损失,而且责令其支付惩罚性赔偿费。这种惩罚性赔偿费往往高于其污染所造成的损失的几倍或几十倍,其目的在于惩罚故意违法者,威慑后来的违法者。

我国自上世纪80年代以来,这一原则已逐步在生态环境法中得到体现。同时,我国借鉴国外的惩罚性赔偿制度,严厉惩处污染或破坏生态环境的单位和个人,以加强对生态环境的保护。

(2)利用者补偿,亦称谁利用谁补偿,指开发利用环境资源者,应当按照国家有关规定承担经济补偿的责任,对所耗用的自然资源占有的环境容量和恢复生态平衡予以补偿,建立并完善有偿使用自然资源和恢复生态环境的经济补偿机制。"现代社会生态危机的恶化使人们逐渐意识到较高品质的环境资源并非是一种取之不尽、用之不竭的公有物,而是具有一定价值的稀缺品。"即使在私有制条件下,基于私人所有权对于生态环境与自然资源的利用和处置也要受到法律必要的限制。这表现在,所谓的补偿,一方面是对个人利用的环境资源要有金钱上的对价,而更重要的是利用者应对其自己利用的环境资源可再生或开发替代所应付出的劳动予以补偿,正如国务院《关于环境保护若干问题的决定》所规定的,要"建立并完善有偿使用自然资源和恢复生态环境的经济补偿机制"。

(3)开发者保护,亦称谁开发谁保护,指有权开发利用环境资源的单位和个人,同时承担保护环境资源的义务。"构成生态系统的各种环境要素和自然资源之间是相互联系和相互影响的,任何一种开发利用行为都不仅可能会对原有环境资源造成不同形式、不同程度的改变和破坏,而且还会对周围的环境和生态系统构成影响,而盲目的开发活动越发会导致环境和自然资源的破坏以及生态平衡的失衡。"我国《环境保护法》规定,开发利用自然资源,必须采取措施保护生态环境。开发者保护是开发过程中的开发和维护后的后继整治,可以使资源开发对生态系统和生态环境的影响减少到最低,可以综合利用和节约不可再生资源,保持可再生资源的最大增值能力。也只有把保护与开发相结合,才能实现资源的长久利用和永续发展,才能实现经济系统的可持续增长和生态环境系统的良性循环。在我国,自然资源属于国有,开发者大都是国有企业、事业单位,这些单位无论是基于什么身份,保护生态环境资源均是其法定的责任;对于那些非国有企业、事业单位的开发者来说,保护生态环境资源则是其法定的义务。

(4)破坏者恢复,亦称谁破坏谁恢复,指造成环境资源破坏的单位和个人,须承担将受到破坏的环境资源予以恢复和整治的法律责任。这方面的规定与"谁污染谁治理"、"污染者付费"等规定既有区别也有联系:造成环境污染和环境破坏者即使付费了,也不能免除其恢复和整治生态环境的责任。我国《水土保持法》第27条规定:"企业事业单位在建设和生产过程中必须采取水土保持措施,对造成的水土流失负责治理。本单位无力治理的,由水行政主管部门治理,治理费用由造成水土流失的企业事业单位负担。"此外,《草原法》中关于恢复植被的规定、《矿产资源法》中关于土地复垦的规定等,也都是这项原则的具体规范。

此外,一切违反法定义务的行为,都必须承担相应的法律责任和后果。我国新环保法第六条规定,"一切单位和个人都有保护环境的义务。"这意味着无论是各级人民政府,还是企事业单位或个人,也无论其行为是否造成了损害后果,只要是有违法行为的事实,并造成生态环境损害的后果,就要承担相应的法律责任,包括民事责任,行政责任和刑事责任。

第三节　生态文明的含义与特征

一、生态文明的含义

什么是生态文明? 从现有的研究看, 学者的认识不尽一致。

有的学者认为, 生态文明是指人们在改造客观物质世界的同时, 不断克服改造过程中的负面效应, 积极改善和优化人与自然、人与人的关系, 创建有序的生态运行机制和良好的生态环境所取得的物质、精神、制度方面成果的总和。(黄承梁主编《生态文明简明知识读本》, 中国环境科学出版社, 2010年, 第4页)

也有学者认为, 生态文明是指人类遵循自然生态规律和社会经济发展规律, 为实现人与自然和谐相处及以环境为中介的人与人和谐相处而取得的物质成果、精神成果和其他有益成果的总和。这种生态文明, 是特定时期和地区中的总体文明, 既包括以人与自然及人与人和谐共生、良性循环、协调发展、持续繁荣为基本宗旨的文化伦理形态、理念与价值取向, 也包括丰富多彩的环境生态保护活动及其物质成果。(蔡守秋、敖安强《生态文明建设对法治建设的影响》,《吉林大学社会科学学报》2011年第6期)

还有学者认为, 生态文明与野蛮文明相对, 是指在工业文明已经取得成果的基础上用更文明的态度对待自然, 不野蛮开发, 不粗暴对待大自然, 努力改善和优化人与自然的关系, 认真保护和积极建设良好的生态环境。(刘爱军《以生态文明理念为指导完善我国的环境立法》,《法制与社会》2007年第6期)

在《科学发展观与和谐社会建设》一书中, 编者给出的定义是: 所谓生态文明, 是人们在认识和改造客观世界的同时, 协调和优化人与自然的关系, 建设有序的生态运行机制和良好的生态环境所取得的物质、精神、制度成果的总和。它以尊重和维护生态环境为主旨，以可持续发展为着眼点，强调人的自觉自律以及人与自然环境的友好关系，体现了人们尊重自然、利用自然、保护自然、与自然和谐相处的思想。

武汉大学王树义教授认为，所谓生态文明，是指人类在利用客观物质世界以满足自己日益增长的物质和文化需要的同时，尊重自然规律，尽量避免或克服其活动对自然界所造成的不良影响，在保护生态环境的良好品质，保障可更新自然资源的再生条件以及维护环境正义等方面所取得的物质、精神和制度成果的总和。

从以上对生态文明的定义，我们可以发现，无论哪种定义，都包含着一个重要内容，就是当我们为满足人类物质需求和精神需求的过程中，面对自然的时候，我们的思想和行动该如何选择的问题。思想上面对自然指的是我们对于自然的认识，行为上面对自然指的是在基于对自然一定认识基础上做出的行为反应，生态文明要求我们不单思想上尊重自然，行为上也要尊重自然。

二、生态文明的特征

从生态文明的含义我们可以归纳出生态文明的基本特征应该有三个：一是人的意识的生态性；二是人的行为的生态性；三是社会规则的生态性。

1. 人的意识的生态性

实现生态文明，首先要求人们必须解放思想，需要在伦理思想上提高环境保护意识，而且要使之成为一种科学、进步文化。到目前为止，地球是唯一一个适合人类生存的星球，人类要树立生态第一的思想，从自我做起，珍惜地球上的各种自然资源，减少环境污染，减少生态灾难的发生，要高度重视和做好环保工作，为人类造福。只有具备较强的环保意识，才能从思想深处真正理解人与自然界的关系,才能处理好人与自然、人与社会等多种复杂的相互依存的关系,使个人意识转化为全民自觉意识,进而促进生态文明社会的建立。可见,人的生态观念是生态文明社会的主要特征之一。

2. 人的行为的生态性

人的生产生活行为取决于对自然的认识。由于对自然的盲目无知的崇拜,人类对于利用环境采取的是一种诚惶诚恐的态度。当对自然有了一定的认识之后,认为可以掌握自然、改造自然、创造自然后,对于自然变得肆无忌惮,结果,开始遭到大自然的报复。生态文明是人类社会与自然环境的和谐统一,很好地协调人类与自然关系的行为,也是生态文明的主要特征之一。

3. 社会规则的生态性

规范社会行为的生态性,需要社会规范生态性,而社会规范由道德规范和法律规范来规制,因此,需要通过道德教育和法制教育来促使具有生态性的社会规范的形成,进而有效地约束社会行为向生态文明发展。所以,社会规则的生态性也是生态文明的特征之一。

第四节　生态文明发展历程

一、生态文明发展的实践历程

从人类的发展历程来看,人类文明大致经历了三个阶段。这三个阶段都是在人类基于对自然不同认识而做出不同行为后产生的不同结果。

第一个阶段可以称为原始文明阶段,人与自然的关系基于对自然无知,而表现为人类盲从于自然,人类依靠集体的力量和简单的狩猎与采集活动维持生存。

在原始社会初期,自然界分化出具有自觉能动性的主体——

人, 在从动物向人类的进化过程中, 人类扬弃了单纯的生物性。正如恩格斯所言: "动物仅仅利用外部自然界, 单纯地以自己的存在来使自然界改变; 而人则通过他所作出的改变来使自然界为自己的目的服务, 来支配自然界。"(《马克思恩格斯选集》第 3 卷, 人民出版社 1972 年版, 第 517 页)

在原始社会, 由于人们认识和利用自然的能力不高, 他们主要靠直接从自然界获取的食物生存, 与其他动物区别不大。随着人类的进化, 智力得到发展, 智力水平有了提高, 原始人类开始有了思维和意识。在同自然界的接触中, 他们愈感大自然的神圣, 认为世间万物共生共荣, 开始形成朦胧的生态保护的意识, 比如, 他们虽然猎杀成年野兽, 但很少捕杀幼崽, 包括怀孕的母兽也不捕杀, 等等。当时的人与自然的关系是一种朴素的相互和谐关系。因此原始文明时期是生态意识的萌芽阶段。

第二个阶段称为农业文明阶段(又称为黄色文明阶段), 人类的生产以农耕生产为主, 虽然新的劳动工具的出现和对环境认识的提高, 使得人改造自然的能力和动力产生了飞跃, 但人与自然的关系总体上还是人类顺从于自然。

农业文明是以农耕为主要特点的社会文化。人类对于一些复杂的自然现象还是不能很清楚地认识和了解, 但是, 人类已经有了与自然相处的关系的思想, 中国先秦重要文献《尚书》云: "惟天地, 万物父母。惟人, 万物之灵。"道家创始人老子则曰: "故道大, 天大, 地大, 人亦大。域中有四大, 而人居其一焉。人法地, 地法天, 天法道, 道法自然。"初步形成了"天人合一"的自然本位的生态意识, 也反映了农业社会人们对自然生态重要性的认识。

第三个阶段称为工业文明阶段(又称为黑色文明阶段)。二百多年的工业文明以人类征服自然、改造自然为主要特征, 在这一阶段, 人类基于对自然的认识进一步提高, 对自然的利用和改造达到极致。造成人们在处理人与自然的关系时，通常采用的方式是极其残酷的掠夺。就在工业文明给人类社会带来物质财富极大丰富的同时，生态危机随之而来。由于人类活动对自然界所造成的不良影响，人类现处的生态环境已无法继续支撑工业文明的发展。人类需要认清这一点并清楚地认识到我们必须基于这种认识而做出行为上的改变。

二、生态文明理论的发展

(一)马克思主义生态文明理论

马克思和恩格斯的关于生态文明思想是有着丰富内涵的，是马克思主义生态文明思想理论的最早阐述。虽然还不是很完善，但对当今马克思主义生态文明思想的发展具有极其重要的作用。马克思和恩格斯的生态文明思想主要体现在自然先在性，人与自然和谐和可持续发展三方面。

1. 自然的客观先在性

当我们讨论自然的客观先在性时，应该首先对"自然"的概念进行一个界定。马克思和恩格斯思想中的自然，与费尔巴哈理论中的"先于人类历史而存在的那个自然界"有区别，也区别于黑格尔的"自然界的思想物"，马克思和恩格斯所指的自然是"人的现实的自然界"。费尔巴哈则认为，自然是"非历史的匀质的物质"。这种认识把人与自然的关系割裂开来，没有注意到人的活动会对自然产生影响。针对这一观点，马克思指出："先于人类历史而存在的那个自然界，不是费尔巴哈生活于其中的自然界；这是除去在澳洲新出现的一些珊瑚岛以外今天在任何地方都不再存在的、因而对于费尔巴哈来说也是不存在的自然界。"而黑格尔则认为："自然界不过是'理念'的异在形式，不过是在感性的、外在的形势下重复逻辑的抽象概念而已，自然是抽象的自然界。"从唯物主义角度出发，马克思批判了黑格尔，他说："被抽象地理解的、鼓励的、被认为与人分离的自然界，对人来说也是无。"所以，马克思对自然的界定是："不是原始的自然，而是被人化的自然；不是抽象的自然，而是现实的自然。"

人是经过自然长期进化而来，在自然界的范围中，"人直接是自然存在物"。"人作为自然的、肉体的、感性的、对象性的存在物，和动植物一样，是受动的、受制约的和受限制的存在物。"因此，自然环境是人生存和发展的前提。

人在自然界当中生活，无论他有多么深邃的理性，有多么高的精神境界，有多么大的主观能动性，都要受制于其他自然物。人的生存和发展都依靠自然界的要素。自然界为我们提供了生存和发展所必需的物质资料，没有这些，我们就无法继续生存下去，因为人是自然界中的人。"没有自然界，没有外部的感性世界，劳动者就什么也不能创造。"因此，我们生活在自然界当中，就应该善待自然，尊重自然，不应凌驾于自然之上。应该与自然和谐相处，才能使我们得以持续生存和发展。

2. 人与自然和谐思想

马克思和恩格斯运用辩证唯物主义原理论述了自然与人的关系。恩格斯针对自然与人的关系，做过这样的比喻："我们统治自然界，绝不像征服者统治异民族人一样，绝不是像站在自然界之外的人一样，相反地，我们连同我们的肉血和头脑都是属于自然界和存在于自然之中的。"那么该如何建立人与自然的关系呢？我们与自然的关系，应该是和谐的，而不是对立的。

自然界制约着人类的发展。无论是人的肉体生活还是精神生活，都依赖于自然界。马克思说过："我们发现，人还有'意识'，而意识起初只是对直接的可感知的环境的一种意识，是对处于开始意识到自身的个人之外的其他人和其他物的狭隘联系的一种意识。同时，它也是对自然界的一种意识。人的意识的产生，是源于对自然界的感知，如果没有自然界，就没有人的科学、人的艺术等高级的意识。"从理论领域来说，动物、植物、空气、光等，一方面是自然科学的研究对象，另一方面是艺术的表现对象，它们作为人的意识的一部分，是人的精神的物质存在。

自然与人的和谐是人类生存与发展的重要保障。人通过实践利用自然和改造自然，在自然界中刻下人的痕迹，也改变着自然的原貌。人在实践的过程中当，充分发挥人的主观能动性，不断改变着自然的状态，对自然产生着影响。这种影响既可以是负面的，也可以是正面的。当人的行为与客观规律相符时，自然与人的关系就是和谐的；而当人的行为与客观规律不符时，人与自然的关系表现出的就是不和谐的状态。

人类要想创造更多的财富，实现人类的自身发展，就要充分地尊重客观规律，按客观规律办事，维持生态平衡，而违背客观规律的行为则会导致生态失衡，人类也必将深受其害。正如恩格斯所说："我们不要过分陶醉于我们人类对自然界的胜利，对于每一次这样的胜利，自然界都对我们进行报复。"

在人类与自然的关系上，马克思认为，一方面人应该在尊重自然的基础上，"通过他所作出的改变来使自然界为自己的目的服务，来支配自然界"，另一方面自然环境在人类对自然利用和改造的过程当中，制约并影响着人类的生存和发展。

3. 可持续发展思想

所谓可持续发展是指要促进人与自然的和谐，实现经济发展和人口、资源、环境相协调，坚持走生产发展、生活富裕、生态良好的文明发展道路，保证一代接一代地永续发展。（李景源、吴元梁《科学发展观与和谐社会建设》，江苏人民出版社，2008年8月第1版104页）马克思和恩格斯的可持续发展内容，体现在以下方面：

第一，环境与发展的联系。马克思认为，人应该采取可持续的生

产方式,通过最小的资源消耗来获得最科学、最合理的发展。他说:
"社会化的人,联合起来的生产者,将合理地调节他们和自然之间的
物质变换,把它置于他们的共同控制之下,而不让它作为盲目的力量
来统治自己;靠消耗最小的力量,在最无愧于和最适合于他们的人
类本性的条件下来进行这种物质变换。"换句话说,人能够通过自己
的能动性来协调环境与发展的关系,通过调节和控制,既可以满足
人类自身的发展,同时也可以减少对环境的负面影响。

第二,代内公平和代际公平在发展中的实现。代际公平,马克思
在对自然资源的合理利用方面有更多的论述,人不能为了眼前的利
益而对自然实施掠夺,从而影响后代人的生存与发展。而代内公平,
则体现在对人与自然之间的物质交换当中。在自然和人的物质交换
过程中,人改变自然,也在改变自己,使人自身的脑力和体力得以发
挥,从而使人本身得到发展。

第三,在环境保护中科学技术的作用。马克思恩格斯提出了废
物利用的设想,"把从前几乎毫无用处的煤焦油,变为苯胺燃料,近
而把它变成药品","应用经过改良的机器和工艺,对废毛、破烂毛
织物和棉毛混纺织物进行再加工,已成为约克郡毛纺织工业的一个
重要部门——再生呢绒业。毫无疑问,废棉加工业作为一个新的生
产部门,也很快发展起来。此外,应用经过改良的机器和工艺,也能
够把本来几乎是毫无价值的废丝制成有多种用途的丝织品"。另外,
马克思和恩格斯指出:"废料的减少主要取决于所使用的机器和工
具的质量,同时还取决于原料本身的质量,而原料的质量又取决于
科学技术的进步程度。"通过提高科学技术,对生产资料的实现循
环利用,实质就是通过提高生产力,来减少资源的消耗,进而创造
出更多价值。这种方法不但有效地节约资源,而且还减少了对环境
的破坏,证明了科学技术对可持续发展的重要作用。发展生产力与
保护环境相辅相成,科学技术等同于生产力,生产力的提高,不单可

以实现人的发展,还可以更好地保护环境。虽然马克思和恩格斯的生态文明思想中有关可持续发展的内容不是很集中具体,但他们已经注意到了环境问题对人类发展的影响,注意到可持续发展的重要性,因此提出了可持续发展思想的内容。这些思想是马克思主义生态文明思想的重要组成部分。

(二)生态文明理论在中国的发展

新中国成立以来,党中央领导集体继承和发扬了马克思主义生态文明思想,在生产实践中一直重视生态环境保护,发展了许多有关生态文明思想的内容。这些内容既继承发扬了马克思恩格斯生态文明思想的精髓,又与我国发展的实践相结合,是马克思主义生态文明思想的重要组成部分。

1. 第一代领导集体的生态文明思想

长期的战争给建国初期的中国生态环境造成了严重破坏。由此,以毛泽东同志为核心的第一代党中央领导集体非常重视对生态环境的保护,希望尽可能快地使因战争造成的环境破坏得以恢复。

首先,在实践方面实行绿化,恢复生态。在1957年《征询对农业十七条的意见》中毛泽东同志提出:"在十二年内,基本上消灭荒地荒山,在一切宅旁、村旁、路旁、水旁,以及荒地上荒山上,即在一切可能的地方,均要按规格种起树来,实行绿化。""一切能够植树造林的地方都要努力植树造林,逐步绿化我们的国家,美化我国人民劳动、工作、学习和生活的环境。"这个目标的提出,具有十分重要的现实意义。它能够恢复被破坏的植被,简单易行,同时也美化了生活环境,是符合客观规律发展的表现。

其次,理论研究方面开展对人与自然关系的研究。人与自然二者的关系问题也是第一代党中央领导集体对生态文明思想发展的贡献之一。毛泽东同志先后在《错误往往是正确的先导》、《在扩大的中央工作会议上的讲话》、《关于正确处理人民内部矛盾的问题》和

《论十大关系》等著作中阐述了人与自然相互联系相互影响的关系。"人类同时是自然界和社会的奴隶，又是他们的主人。"也就是说，人是自然界的产物，服从于自然，但同时，人对于自然又有主观能动性，可以利用自然改造自然。

最后，在生态环境法建设制方面，针对保护生态环境的权利义务做出了规定。第一代党中央领导集体在建国初期就以立法的形式明确了自然资源的权属问题和生态环境保护的义务主体。在《中国人民政治协商会议共同纲领》中规定："重要环境资源归国家所有。国家兴修水利、防洪防旱，保护土壤资源，保护森林、发展林业，保护沿海渔场、发展水产业，保护野生动植物，防治病虫害。"可以看出，第一代领导集体对生态环境保护的重视，可以说是马克思主义生态文明思想在我国生态环境法治中的体现，是马克思主义生态文明思想在我国发展的第一阶段。

2. 第二代党中央领导集体的生态文明思想

20世纪80年代，我国实行改革开放政策，社会进入一个新的历史发展时期。在这个时期，随着经济水平的不断提高，随之而来的是大量的生态环境问题。为了使这些问题得到解决，促进经济的高速发展，以邓小平同志为核心的第二代党中央领导集体在生态保护方面进行了不断的探索，使生态文明思想得到进一步丰富和发展。

在人与自然关系的问题上，继续继承和发扬了马克思主义生态文明思想，认识到人与自然之间协调发展的重要性。例如在谈及黄土高原水土流失问题时，邓小平同志曾指出："我们计划在那个地方先种草后种树，把黄土高原变成草原和牧区，就会给人们带来好处，人们就会富裕起来，生态环境也会发生很好的变化。"表明良好的自然环境会使人民的生活更加富裕起来，正确的生产发展方式不但可以使生态环境变得更好，还可以使人的生活水平得到提高，这就是人与自然的关系——协调发展关系。

第二代党中央领导集体认为，植树造林是一项伟大事业，会造福于子孙后代。1981 年 9 月 16 日，邓小平同时任国务院副总理的万里同志谈话时指出："最近发生的洪灾涉及林业问题，涉及森林的过量采伐。看来宁可进口一点木材，也要少砍一点树。报上对森林采伐的方式有争议。这些地方是否可以只搞间伐，不搞皆伐，特别是大面积的皆伐。"邓小平不仅明确反对过度垦荒，而且鲜明反对森林过伐。1981 年第五届全国人民代表大会第四次会议通过的《关于开展全民义务植树运动的决议》中，明确规定了植树造林、绿化祖国是公民的法定义务。1983 年环境保护政策成为了我国的基本国策。1989 年我国的第一部环境基本法《中华人民共和国环境保护法》颁布，还有一些环境单行法也相继出台，如《水法》、《草原法》、《森林法》等，这充分表明我国的生态环境法制建设已经进入了一个新的时期。针对我国的生态环境法制建设，邓小平同志曾提出："应该集中力量制定刑法、民法、诉讼法和其他各种必要的法律，例如工厂法、人民公社法、森林法、草原法、环境保护法、劳动法、外国人投资法等"。

在邓小平同志领导下，以邓小平同志为核心的第二代党中央领导集体丰富和发展了马克思主义生态文明思想，大力发展我国的生态环境法制建设，并取得了丰硕成果。

3. 第三代党中央领导集体的生态文明思想

以江泽民同志为核心的第三代党中央领导集体，继承和发展了之前关于生态环境建设的思想，高度重视生态环境问题，进一步发展了生态文明思想。

马克思主义生态文明思想在这一时期的发展表现是可持续发展战略。党的十四届五中全会将可持续发展战略纳入"九五"规划中，要求大力推进社会与经济相互协调和可持续发展，首次提出"可持续发展"这一概念。可持续发展是一新发展模式，它是指发展既能够满足当代人的需要，又不会对后代人的生存发展需要构成威胁。可持续发展要求综合考虑环境、人口、资源等问题，不仅要满足人类当前发展的需求，还要为我们的子孙后代着想，为他们的未来生存发展创造更好的条件，而不能走先污染后治理的老路。发展是全面的发展，既要经济的发展，也要资源环境、科技文化的发展。资源环境与经济建设相协调，形成良性循环。在扩大开放、招商引资过程中，也需要搞好环境保护工作，同时也要防止国外及国内有些人往我国转移污染严重的项目甚至进口洋垃圾，决不能贪图眼前的利益而危害国家的全局利益，以致危害子孙后代。

在西部大开发战略的中，第三代党中央领导集体对生态环境的建设也是非常重视的。江泽民同志明确提出："西部地区资源丰富，要把那里的资源优势转变为经济优势，必须坚持合理利用和节约能源的原则。要抓紧开展西部地区土地、矿产、水等自然资源的调查评价和规划。抓紧制定西部地区矿产资源的勘察开发政策，加大西部地区找水工作的力度，为西部大开发提供水源保障。要把加强生态环境保护和建设作为西部大开发的重要内容和紧迫任务，坚持预防为主，保护优先，搞好开发建设的环境监督管理，切实避免走先污染后治理、先破坏后恢复的老路。"他在西安召开的国有企业改革和发展座谈会上强调："由于千百年来多少次战乱、多少次自然灾害和各种人为的原因，西部地区自然环境不断恶化，特别是水资源短缺，水土流失严重，生态环境越来越恶劣，荒漠化年复一年地加剧，并不断向东推进。改善生态环境，是西部地区的开发建设必须首先研究和解决的一个重大课题……如果不从现在做起，努力使生态环境有一个明显的改善，在西部地区实现可持续发展的战略就会落空，而且我们整个民族的生存和发展条件也将受到越来越严重的威胁。"

第三代党中央领导集体对马克思主义生态文明思想的发展，集中体现在党的十五大、十六大报告以及一系列讲话报告之中，其中可持续发展战略的提出最具标志意义。它对我国的环境保护事业的发展具有指导意义。

4. 第四代党中央领导集体的生态文明思想

以胡锦涛同志为核心的领导集体面对我国的发展趋势和环境现状,继续发展马克思主义生态文明思想,使马克思主义生态文明思想在中国的实践更为丰富和全面,主要体现在以下几个方面:

一是社会发展的"五个统筹"。

即统筹区域发展、统筹城乡发展、统筹国内发展和对外开放、统筹人与自然和谐发展、统筹经济社会发展。把"五个统筹"贯彻到社会发展中去,大力推进经济基础和上层建筑、生产力和生产关系相协调,推进政治建设、经济建设、社会建设、文化建设的各个方面、各个环节相协调。对于环境保护来说,做到统筹人与自然和谐发展最为重要。很久以来,粗放式经济增长模式给我国的生态环境带来了巨大伤害,对自然的掠夺,造成的严重的环境污染和生态破坏大大超过了生态环境的自净能力,使自然环境难以承受。因此,在社会发展进程中,我们必须做到统筹人与自然和谐发展。既要考虑当前经济社会的发展,又要考虑社会未来的发展;既尊重经济规律发展经济,又要尊重自然规律;既要经济效益,又要生态环境效益。这就需要我们在社会经济发展进程中防止急功近利,做到长远利益与短期利益的协调发展。

二是环境友好型社会和资源节约型社会的建设。

党的十六届五中全会提出,加快建设环境友好型社会和资源节约型社会。资源节约型社会就是指通过节约资源,提高资源的利用效率,尽可能少地消耗资源来实现经济效益和社会效益最大化。环境友好型社会就是指采取有利于环境保护的生活方式和生产方式,以环境承载力为基础,以发展循环经济为动力,来构建环境、经济、社会协调发展的社会体系,努力实现经济社会的可持续发展。建设"两型社会",就是符合我国国情的人与自然和谐发展的具体表现。

三是人与自然和谐的构建。

社会主义和谐社会中,人与自然和谐的构建表现在生态良好、生产发展、生活富裕三个方面。人与自然和谐在我国古代环境哲学中就有体现,马克思的著作中也有论述,但是作为社会主义和谐社会重要特征之一,指的是人与自然和谐的具体化。生产发展、生态良好和生活富裕是相互联系、有机统一的。只有生产发展了,人民才能过上富裕的生活,而良好的生态环境又是生活富裕和生产发展的物质基础,只有生态环境好了,才能为生产发展提供物质条件,良好的生态环境也是生活富裕的一部分。社会主义和谐社会中人与自然的和谐,是马克思主义生态文明思想在中国的最新发展之一。

在党的十七大报告中,建设社会主义生态文明被放在重要的位置。建设生态文明的总体目标是坚持节约资源和保护环境基本国策,坚持生产发展、生活富裕、生态良好的文明发展道路,建设资源节约型、环境友好型社会,实现速度和结构质量效益相统一、经济发展与人口资源环境相协调,使人民在良好生态环境中生产生活,实现经济社会永续发展,成为人与自然和谐相处、生态环境良好的国家。

以胡锦涛同志为核心的第四代党中央领导集体,一方面需要通过不断发展来提高国家经济实力,而另一方面则是要面对生态环境的持续恶化。若要同时解决这两个方面的问题,传统的发展方式看来是行不通的了。因此,第四代党中央领导集体丰富了生态环境思想理论,把丰富的生态环境思想理论与我国当前的环境形势紧密联系,使其更具有了前瞻性和科学性,可以说是马克思主义生态文明思想在我国的进一步发展。

上世纪末期,面对生态环境危机的严峻挑战,各国学者积极采取措施寻求解决全球问题的办法,他们在系统科学和自然科学伟大成就的基础之上,试图对未来社会进化的全过程做出一贯而圆通的科学解释，用以指导人类能够解决全球环境问题。社会进化到一个更高级的形态，而这种更高级形态的文明特征，国内外有不同的观点。国外学者更多从科学技术发展引发社会结构转型来说明，而我国学者大多是从科学技术发展及其成果来阐述，并由此引出生态文明的概念。"生态文明"一词虽然并非是由中国学者首次使用的，但是较早对其进行了明确界定分析，并作为解决环境问题的独特范式而将其使用的，却是中国学者。早在上世纪80年代，我国就已经有学者开始使用"生态文明"这一提法，并呼吁社会保护环境，使人与自然之间保持和谐统一的关系。

在1996年2月17日出版的《中国环境报》上，发表了一位民间环保人士的文章。文章中明确提出：应当将未来人类社会建成一个以物质文明、精神文明和生态文明相统一、相协调的节制型新社会。1999年出版的《生态文明论》一书的作者刘湘溶，开始系统地研究和阐述生态文明理论。2000年，刘宗超博士发表了著作《生态文明观与全球资源共享》，他提出的"全球生态文明观"理论，在国内外引起了学者们的广泛关注。

新世纪以来， 生态文明在学术界的关注度日渐升温，因生态文明而需研究的领域也随之扩展， 法学界也开始了对生态文明建设的研究，生态环境法领域更是成为了研究的热点。尽管已有相当数量的学者在构建生态文明视野下，对我国生态环境法制建设提出了完善建议和观点，但无论是在理论层面还是在实践层面上，仍然有大量问题需要进一步分析和阐释。

党的十七大以来，胡锦涛总书记在很多重要场合全面地阐述过生态文明的重要性。在温家宝总理所作2008年政府工作报告及2009年的工作部署中，就明确提出了全面推进社会主义经济建设、文化建设、政治建设、社会建设以及生态文明建设的总要求，这是生态文明第一次写入政府工作报告，并且提到与经济、文化、政治、社会建设相并列的高度。这足以说明生态文明建设在我国社会建设中的重要地位。

中共十六届三中全会提出了"坚持统筹兼顾，协调好改革进程中的各种利益关系。坚持以人为本，树立全面、协调、可持续的发展观，促进经济社会和人的全面发展"这一顺应时代要求的科学发展观。

科学发展观，是对党的三代中央领导集体关于发展的重要思想的继承和发展，是马克思主义关于发展的世界观和方法论的集中体现，是同马克思列宁主义、毛泽东思想、邓小平理论和"三个代表"重要思想既一脉相承又与时俱进的科学理论，是我国经济社会发展的重要指导方针，是发展中国特色社会主义必须坚持和贯彻的重大战略思想。

科学发展观，第一要义是发展，核心是以人为本，基本要求是全面协调可持续，根本方法是统筹兼顾。这四句话是对科学发展观的科学内涵、精神实质、根本要求的集中概括。

科学发展观的基本要求是坚持全面协调可持续发展。要按照中国特色社会主义事业总体布局，全面推进经济建设、政治建设、文化建设、社会建设，促进现代化建设各个环节、各个方面相协调，促进生产关系与生产力、上层建筑与经济基础相协调。坚持生产发展、生活富裕、生态良好的文明发展道路，建设资源节约型、环境友好型社会，实现速度和结构质量效益相统一、经济发展与人口资源环境相协调，使人民在良好生态环境中生产生活，实现经济社会永续发展。

科学发展观在环境保护领域的具体体现就是可持续发展观，一方面强调发展，发展是第一要义，不是放弃发展；另一方面也强调应当是可持续的、科学的发展，要放弃过去那种粗放的、高污染低效益的经济增长方式。

为此，我们就必须改变传统的发展思维和模式，努力实现经济持续发展、社会全面进步、资源永续利用、环境不断改善和生态良性循环的协调统一。不能走人口增长失控、过度消耗资源、严重污染环境、破坏生态平衡的旧路。要坚持开源与节流并重，预防与治理结合，减轻资源环境压力，实现经济增长方式由"高消耗、高污染、低效益"向"低消耗、低污染、高效益"转变。要大力发展以循环经济为核心的生态工业，以无公害农产品、绿色农产品和有机农产品为主体的生态农业，以节约资源、减少污染、绿色消费和绿色服务为标志的生态服务业。只有这样，才能达到经济发展的速度与结构、质量、效益相统一，经济发展与人口、资源、环境相适应，建成低投入、少污染、可循环的国民经济和节约型社会。科学发展观的提出，意味着在全面建设小康社会中，环境保护工作将被放到更加重要的战略地位。

以科学发展观出发就是确认环境保护本身就是一种生产力，因为经济发展和环境保护是相辅相成的关系，偏颇任何一方都使得我国的社会主义发展不平衡。树立和落实科学发展观，必须要加强对自然资源的合理开发利用，保护生态环境，促进人与自然的和谐发展，使我们的发展真正实现人口资源和环境与社会经济相协调的可持续发展。

国务院《关于落实科学发展观加强环境保护的决定》指出，按照全面落实科学发展观，构建社会主义和谐社会的要求，坚持环境保护基本国策，在发展中解决环境问题。积极推进经济结构调整和经济增长方式的根本性转变，切实改变"先污染后治理、边治理边破坏"的状况，依靠科技进步，发展循环经济，倡导生态文明，强化环境法治，完善监管体制，建立长效机制，建设资源节约型和环境友好型社会，努力让人民群众喝上干净的水、呼吸清洁的空气、吃上放心的食物，在良好的环境中生产生活。

在科学发展观指导下进行环境保护工作应遵循如下原则：

（1）协调发展，互惠共赢。正确处理环境保护与经济发展和社会进步的关系，在发展中落实保护，在保护中促进发展，坚持节约发展、安全发展、清洁发展，实现可持续的科学发展。

（2）强化法治，综合治理。坚持依法行政，不断完善环境法律法规，严格环境执法；坚持环境保护与发展综合决策，科学规划，突出预防为主的方针，从源头防治污染和生态破坏，综合运用法律、经济、技术和必要的行政手段解决环境问题。

（3）不欠新账，多还旧账。严格控制污染物排放总量；所有新建、扩建和改建项目必须符合环保要求，做到增产不增污，努力实现增产减污；积极解决历史遗留的环境问题。

（4）依靠科技，创新机制。大力发展环境科学技术，以技术创新促进环境问题的解决；建立政府、企业、社会多元化投入机制和部分污染治理设施市场化运营机制，完善环保制度，健全统一、协调、高效的环境监管体制。

（5）分类指导，突出重点。因地制宜，分区规划，统筹城乡发展，分阶段解决制约经济发展和群众反映强烈的环境问题，改善重点流域、区域、海域、城市的环境质量。

只有切实贯彻以"可持续发展"为内涵的科学发展观，才能在保持经济增长的同时，切实控制人口增长，保护自然环境，保持良好的生态环境，真正做到经济效益、社会效益和环境效益三者的相互统一，以全新的生态经济发展模式取代传统的经济增长模式，实现发展经济与环境保护的"双赢"。

5. 第五代党中央领导集体的生态文明思想

以习近平同志为核心的第五代党中央领导集体继续推进生态文明理论在我国的发展。习近平在主持中央政治局学习时发表了重要讲话。他强调，建设生态文明，关乎人民福祉，关系民族未来。党的十八大把生态文明建设纳入中国特色社会主义事业五位一体总体布局，明确提出大力推进生态文明建设，努力建设美丽中国，实现中华民族永续发展。这标志着我们对中国特色社会主义规律认识的进一步深化，表明了我们加强生态文明建设的坚定意志和坚强决心。

三百年来的工业文明以人类征服自然为主要特征。世界工业化的发展使征服自然的文化达到极致，一系列全球性生态危机说明地球再没能力支持工业文明的继续发展。需要开创一个新的文明形态来延续人类的生存，这就是生态文明。如果说农业文明是"黄色文明"，工业文明是"黑色文明"，那生态文明就是"绿色文明"。生态文明应成为社会主义文明体系的基础。社会主义的物质文明、政治文明和精神文明离不开生态文明，没有良好的生态条件，人不可能有高度的物质享受、政治享受和精神享受。没有生态安全，人类自身就会陷入不可逆转的生存危机。良好的生态环境是最公平的公共产品，是最普惠的民生福祉。简而言之，没有生态文明，一切文明就没有享受的前提。

十七大作报告提出了实现全面建设小康社会奋斗目标的新要求，其中提到要建设"生态文明"，并首次把这个概念写入了党代会的政治报告，提出要"建设生态文明，基本形成节约能源资源和保护生态环境的产业结构、增长方式、消费模式"。这是我党执政兴国理念的新发展，是党的科学发展、和谐发展执政理念的一次升华，表明了党和政府把环境保护从实践行动转变为理论和伦理的高度进行认识。

党的十八大报告指出，建设生态文明，是关系人民福祉、关乎民族未来的长远大计。面对资源约束趋紧、环境污染严重、生态系统退化的严峻形势，必须树立尊重自然、顺应自然、保护自然的生态文明理念，把生态文明建设放在突出地位，融入经济建设、政治建设、文化建设、社会建设各方面和全过程，努力建设美丽中国，实现中华民族永续发展。党的十八大报告首次单篇论述生态文明，把"美丽中国"作为未来生态文明建设的宏伟目标，把生态文明建设摆在"五位一体"的高度来论述，体现了党和国家对生态文明的高度重视以及生态文明的在国家战略层面的重要意义。生态文明与可持续发展、科学发展观是一脉相承的，是对可持续发展观、科学发展观在人类文明形态认识高度上的理论升华。

对于生态文明的理念，虽然表述各有不同，但最基本的理念应当是"尊重自然、顺应自然、保护自然"，在此基础上获得人类物质文明、精神文明、制度文明的进步。这一基本理念进一步表现为：在人与自然的关系上，强调同构性，尊重并认同自然的内在价值；在生态系统各个组成部分的关系上，强调整体性，尊重并保护整个生态系统的完整和良好状态；在世代间的生态关系上，强调可持续性，尊重并保护后代人的生态利益；在法律制度的建立上，强调规律约束性，要把环境资源的立法建立在符合生态基本规律、环境要素整体演化规律和社会发展规律的基础之上。

党的十八届三中全会指出，建设生态文明，必须建立系统完整的生态文明制度体系。加强生态文明制度建设、保护生态环境必须依靠制度。要把资源消耗、环境损害、生态效益纳入经济社会发展评价体系，建立体现生态文明要求的目标体系、考核办法、奖惩机制。建立国土空间开发保护制度，完善最严格的耕地保护制度、水资源管理制度、环境保护制度。深化资源性产品价格和税费改革，建立反映市场供求和资源稀缺程度、体现生态价值和代际补偿的资源有偿使用制度和生态补偿制度。积极开展节能量、碳排放权、排污权、水权交易试点。加强环境监管，健全生态环境保护责任追究制度和环境损害赔偿制度。加强生态文明宣传教育，增强全民节约意识、环保意识、生态意识，形成合理消费的社会风尚，营造爱护生态环境的良好风气。

习近平同志强调，要正确处理好经济发展同生态环境保护的关系，牢固树立保护生态环境就是保护生产力、改善生态环境就是发展生产力的理念，更加自觉地推动绿色发展、循环发展和低碳发展，绝不以牺牲生态环境为代价换取一时的经济增长。

习近平同志指出，推进生态文明建设，必须全面贯彻落实党的十八大精神，以邓小平理论、"三个代表"重要思想、科学发展观为指导，树立尊重自然、顺应自然、保护自然的生态文明理念，坚持节约资源和保护环境的基本国策，坚持节约优先、保护优先、自然恢复为主的方针，着力树立生态观念、完善生态制度、维护生态安全、优化生态环境，形成节约资源和保护环境的空间格局、生活方式、生产方式和产业结构。

习近平同志指出，国土是生态文明建设的空间载体。要坚定不移加快实施主体功能区战略，严格按照优化开发、重点开发、限制开发、禁止开发的主体功能定位，划定并严守生态红线，构建科学合理的城镇化推进格局、农业发展格局、生态安全格局，保障国家和区域生态安全，提高生态服务功能。要牢固树立生态红线的观念。要按照人口资源环境相均衡、经济社会生态效益相统一的原则，整体谋划国土空间开发，科学布局生产空间、生活空间、生态空间，给自然留下更多修复空间。在生态环境保护问题上，就是要不能越雷池一步，否则应受到惩罚。

习近平同志指出，只有实行最严格的制度、最严密的法制，才能为生态文明建设提供可靠保障。最重要的是要完善经济社会发展考核评价体系，把环境损害、资源消耗、生态效益等体现生态文明建设状况的指标纳入经济社会发展评价体系，使之成为推进生态文明建设的重要导向和约束。要加强生态文明宣传教育，增强全民节约意识、环保意识、生态意识，营造爱护生态环境的良好风气。要建立责任追究制度，对那些不顾生态环境盲目决策、造成严重后果的人，必须追究其责任，而且应该终身追究。

习近平同志强调，要实施重大生态修复工程，增强生态产品生产能力。人民群众对生态环境问题高度关注。良好生态环境是人和社会持续发展的根本基础。环境保护和治理要以解决损害群众健康突出生态环境问题为重点，坚持预防为主、综合治理，强化水、大气、土壤等污染防治，着力推进重点流域和区域的水污染防治，着力推进重点行业和重点区域的大气污染治理。

习近平同志强调，节约资源是保护生态环境的根本之策。要大力节约集约利用资源，推动资源利用方式根本转变，加强全过程节约管理，大幅降低水、能源、土地消耗强度，大力发展循环经济，促进生产、流通、消费过程的减量化、再利用和资源化。

第二章　生态文明与生态环境法治

第一节　优化生态环境法制是生态文明建设的法治保障

建设生态文明,实际上就是要建设以资源环境承载力为基础、以自然规律为准则、以科学发展观为理念的资源节约型、环境友好型社会,实现人与自然和谐相处、协调发展。

现代社会是法治社会,法是唯一具有国家强制力的社会规范。一切政策和伦理只有在转化成法律之后,才算是获得了国家的权威认可,才拥有了得以保障普遍实施的国家强制力。有学者指出,法对生态文明建设有三个方面的主要作用:第一,平衡和调整由生态环境问题产生的各种利益关系,维护生态正义和平等。第二,保护自然,促进社会可持续发展,这也是生态法律制度的重要原则,并通过生态环境法律体系得以实现。第三,保护和确认生态文明的成果,并用法律使其规范化并付诸具体的生产活动中。法律手段具有其他手段所不具备的优势——法制建设,尤其是良好的生态环境法制建设,便成为生态文明建设的基本保障。此外,法制建设本身也是生态文明建设的重要组成部分。因此,完善生态环境法制,就成为构建生态文明的法制保障之一。

另一方面,我们也应看到,由于现代法律制度诞生并成长于工业文明时期,无论从指导思想还是制度体系,所反映的还是工业社会的秩序要求,并不完全符合生态文明的需求。当传统法学的某些理念面对现代社会高度风险化的实际情况时,已经显得无法适应,甚至在某些时候,变成导致生态危机的元凶。在这样的法制环境下,传统环境法在解决生态环境问题时常常表现得不尽如人意:要么在面对问题时显得软弱无力,要么会出现制度空白而无从着手。因此,在这样的法制背景下提出构建生态文明,客观上存在着传统法学从理念到制度上的巨大变革。

第二节　以生态文明观指导生态环境法制创新

在生态文明视野下构建我国生态环境法制,首先要做的就是将生态理念引入环境立法中,建立生态化的生态环境法制。前苏联的生态法学家们最早提出法律生态化这一概念和主张,他们要求将法律生态化扩展到各部门法当中。他们认为,保护自然环境,不仅需要制定专门的自然保护法律法规,还需要一切有关法律从各自的角度对生态保护作出相应规定,使生态学原理和生态保护要求渗透到各有关法律中。

20世界90年代以来,我国也有很多生态环境法学者提出了法律生态化的主张,但到目前为止,学术界对法律生态化并没有一个统一的定义。中国人民大学法学院周珂教授着眼于环境法生态化的具体要求,提出了生态环境法的概念。他认为,体现生态要求的生态环境法,应当以实现经济和社会可持续发展为目的,以有关保护和改善生态环境、合理利用自然资源、防止污染和其他公害等生态特定领域的社会关系为调整对象,是现代意义上的生态环境法。生态环境法带有明显的社会性,同时又以可持续发展为价值,是体现生态环境科技和法的结合的综合部门法。

在生态文明视野下构建新的生态环境法律体系和制度,以生态文明观指导生态环境法制创新,需要从生态环境立法、生态环境执法、生态环境司法、生态环境教育等方面着手,对传统的环境法制体系进行反思。然而,生态文明与传统的法律秩序并不是天然融合的,生态环境法制的完善不是就生活中的某一环境问题再进行立法,而是按照生态文明建设要求,把生态文明的精神理念注入传统环境资源法律体系当中,使传统环境法制生态化。

第二部分

中国环境法治

环境法治基本包括四个环节：环境立法、环境执法、环境司法和环境教育。在中国环境法治的诸多环节中，有法可依是环境法治的前提和基础。

制定法律，必须按照我国的现有的立法体制进行，并按照正确的立法程序进行。

立法体制主要是指立法权限划分的制度，包括中央和地方立法之间立法权限的划分以及中央各机关之间立法权限的划分。程序是民主的保证。合理完善的立法程序，是提高立法质量的重要保证。全国人大及其常委会、国务院、地方人大及其常委会、国务院部门、地方政府制定法律、行政法规、地方性法规、规章，必须按照立法法和有关法律规定的基本程序进行。

我国的环境立法是以宪法中有关环境保护的相关规定为基础，以环境基本法和一系列污染防治单行法与生态自然资源保护为主干，加上各种行政法规、地方性法规等组成完整的体系。在我国，环境法还是一个较为年轻的部门法，比西方国家晚了至少一个世纪。虽然我国环境法成为一个独立法律部门的时间不长，但发展极为迅速，大量的环境立法构成了庞大的部门法体系。

环境法律的实施就是把环境法律的各项规定付诸实践，把文字的规定变为实际行动。环境法律实施的状况好坏，直接关系到人民群众所关心的生态环境问题能否得到真正解决。环境法律实施的基本手段包括环境执法和环境司法等。与蓬勃发展的环境立法相比，环境司法和环境执法还存在很多的问题，离生态文明的建设要求仍存在着很大的差距。

从我国的实际情况出发，环境问题还需要在党和人民政府的领导下，动员全社会的力量进行综合治理，还要长期不懈地开展环境保护的宣传教育，提高人们的环境意识和可持续发展观念。

综上所述，建设生态文明，需要从生态环境法学的理论基础出发，在生态环境立法、生态环境执法、生态环境司法和生态环境教育四个环节注入生态系统、生态平衡等生态理念，创制出一套既保护生态环境又促进可持续发展的法治制度。

第三章　生态环境立法

第一节　立法与立法体制

一、立法概念及特征

所谓立法,是指法定的国家机关,依照法定的职权和程序,创制、认可、修改和废止法律和规范性文件的活动。

立法活动具有如下特征:

1. 立法是国家机关的法定职权活动,是宪法和法律规定的专门国家机关的职权活动。

2. 立法是国家机关的活动,是同国家权力紧密相连的活动。

3. 立法是产生或者变更法的活动。

4. 立法是一项具有高度专业性和技术性的活动。

5. 立法是国家机关依照法定程序所进行的活动。

二、立法体制概念及内容

所谓立法体制,主要是指立法权限划分的制度。包括两个方面:一是中央与地方立法权限的划分,二是中央各机关之间立法权限的划分。

根据宪法、立法法和有关法律的规定,我国现行的立法体制是:

1. 全国人大及其常委会行使国家立法权, 制定法律。

2. 国务院根据宪法和法律制定行政法规。

3. 有权的人大及其常委会制定地方性法规。

4. 民族自治地方制定自治条例和单行条例。

5. 经济特区人大及其常委会制定经济特区法规。

6. 有权的人民政府或者部门制定行政规章。

第二节 环境立法与环境立法体制

所谓环境立法, 是指法定的国家机关, 依照法定的职权和程序, 创制、认可、修改和废止各种有关保护和改善环境的法律和规范性文件的活动的总称。

根据宪法、立法法和有关法律的规定, 我国现行的环境立法体制是:

1. 全国人大及其常委会行使国家立法权, 制定法律

按照全国人大的组织形式, 我国的国家立法权又分为全国人大立法和全国人大常委会立法两类。

在全国人大立法方面, 全国人大有权修改宪法, 有权制定和修改国家的基本法律, 有权撤销或者改变全国人大常委会不适当的决定。因此, 在中国的立法体制中, 全国人大居于最高的地位, 除了宪法是国家的根本法之外, 全国人大制定的基本法律在效力上仅次于宪法。现行宪法以及民法通则、刑法等基本法律确立了环境和自然资源保护的基本规范。目前, 社会各界很多人士建议, 全国人大应当尽快制定环境法, 将环境法确立为国家的基本法律。

在全国人大常委会立法方面, 全国人大常委会行使仅次于全国人大的广泛立法职权, 其地位仅次于全国人大。目前我国的《环境保护法》以及有关自然资源保护管理和污染防治的单行法律都是由全

国人大常委会制定的。

2. 国务院根据宪法和法律制定行政法规

行政法规是我国最高行政机关，即中央人民政府——国务院根据宪法和法律或者全国人大常委会的授权决定，依照法定权限和程序，制定颁布的有关行政管理的规范性文件。行政法规在我国立法体制中具有重要地位，是仅次于法律的重要立法层级。行政法规的制定必须依据宪法和法律，其内容不得同宪法和法律的规定相抵触。

根据《立法法》的规定，行政法规可以就下列事项作出规定：一是《宪法》第八十九条规定的国务院行政管理职权的事项；二是为执行法律的规定需要制定行政法规的事项。

根据《宪法》和《立法法》的规定，应当由全国人民代表大会及其常务委员会制定法律的事项，如果由国务院根据全国人民代表大会及其常务委员会的授权决定先制定了行政法规，经过实践检验，制定法律的条件成熟时，国务院应当及时提请全国人民代表大会及其常务委员会制定法律。

3. 有权的人大及其常委会制定地方性法规

地方性法规，是指法定的地方国家权力机关依照法定的权限，在不同宪法、法律和行政法规相抵触的前提下，制定和颁布的在本行政区域范围内实施的规范性文件。《立法法》第六十三条规定，省、自治区、直辖市的人民代表大会及其常务委员会根据本行政区域的具体情况和实际需要，在不同宪法、法律、行政法规相抵触的前提下，可以制定地方性法规。较大的市的人民代表大会及其常务委员会根据本市的具体情况和实际需要，在不同宪法、法律、行政法规和本省、自治区的地方性法规相抵触的前提下，可以制定地方性法规，报省、自治区的人民代表大会常务委员会批准后施行。

自1979年以来，我国地方性法规的制定工作经历了探索起步、逐步完善和不断发展、提高的阶段，取得了巨大的成就。据统计，到1999年下半年，地方人大及其常委会制定、批准并报全国人大常委会备案的地方性法规约7000件。这些地方性法规的内容涉及地方政治、文化、经济、环境和资源保护等社会生活各个方面。地方性环境保护法规对于保证宪法和环境法律在本地方的实施，对于补充国家立法以及帮助各地因地制宜自主解决本地方的环境和资源保护事务发挥了重要作用。

4. 民族自治地方制定自治条例和单行条例

我国宪法规定，各少数民族聚居的地方实行民族区域自治，设立自治机关，行使自治权。制定单行条例和自治条例是自治机关行使自治权的重要方式。单行条例是民族自治地方的人民代表大会依照当地民族的政治、文化、经济的特点制定的调整本自治地方某方面事务的规范性文件。单行条例是民族自治地方行使某一方面自治权的具体规定，单行条例应当遵循自治条例的规定。自治条例是民族自治地方的人民代表大会依照当地民族的政治、经济和文化的特点制定的全面调整本自治地方事务的综合性规范性文件。自治条例集中体现民族自治地方的自治权，具有民族自治地方总章程的性质。截至1998年年底，我国30个自治州、120个自治县制定颁布了129件自治条例。这些地方性法规的内容涉及地方政治、文化、经济、环境和资源保护等社会生活各个方面。地方性环境保护法规对于保证宪法和环境法律在本地方的实施，对于补充国家立法以及帮助各地因地制宜自主解决本地方的环境和资源保护事务发挥了重要作用。

5. 经济特区人大及其常委会制定经济特区法规

经济特区法规是经济特区所在地的省、市的人大及其常委会根据全国人大的授权决定制定的在经济特区范围内实施的法规。经济特区法规是我国地方立法的一种特殊形式。

《立法法》规定，经济特区所在地的省、市的人民代表大会及其常务委员会根据全国人民代表大会的授权决定,制定法规,在经济特区范围内实施。授权决定赋予经济特区制定经济特区法规的权力,促进了社会主义民主法制和经济特区市场经济建设的发展。多年来,深圳、珠海等经济特区,制定了一批环境与资源保护的经济特区法规,不仅推动了特区的环境与资源保护事业,而且对于全国的环境与资源保护立法,发挥了"立法试验田"的作用。

6. 有权的人民政府或者部门制定行政规章

规章通常被称为行政规章,是国家行政机关依照行政职权所制定、发布的针对某一类事件或某一类人的一般性规定,是抽象行政行为的一种。规章包括地方政府规章和部门规章。

地方政府规章是指由省、自治区、直辖市和较大的市的人民政府根据法律和法规,并按照规定的程序所制定的普遍适用于本行政区域的规定、办法、细则、规则等规范性文件的总称。《立法法》第七十三条规定:"省、自治区、直辖市和较大的市的人民政府,可以根据法律、行政法规和本省、自治区、直辖市的地方性法规,制定规章。地方政府规章可以就下列事项作出规定:(一) 属于本行政区域的具体行政管理事项;(二) 为执行法律、行政法规、地方性法规的规定需要制定规章的事项。"

部门规章是指国务院各部门根据法律和国务院的行政法规、决定、命令在本部门的权限内按照规定的程序所制定的规定、细则、办法、规则等规范性文件的总称。《立法法》第七十一条规定:"国务院各部、委员会、中国人民银行、审计署和具有行政管理职能的直属机构,可以根据法律和国务院的行政法规、命令、决定,在本部门的权限范围内,制定规章。部门规章规定的事项应当属于执行法律或者国务院的行政法规、命令、决定的事项。"

在我国行政管理活动中,规章作为法律、法规的补充形式,占有重要地位。进入改革开放时期以来,国务院环境保护行政主管部门和自然资源管理部门制定了大量的有关环境与资源保护的部门规章，如《秸秆禁烧和综合利用管理办法》、《全国环境监测管理条例》、《电磁辐射环境保护管理办法》、《废物进口环境保护管理暂行规定》、《关于划分高污染燃料的规定》等。省、自治区、直辖市和较大的市的人民政府根据法律和法规，也制定了大量的环境与资源保护方面的地方政府规章。以上规章的制定，对于实施环境法律发挥了重要的作用。

第三节　面向生态文明的生态环境法立法目的

生态环境法的目的是指立法者在制定或认可环境法时所希望达到的目的或实现的结果。生态环境法的目的反映了环境法的发展程度和人类对自然的态度，决定着整个生态环境法的指导思想、调整对象及适用效应。生态环境法体现的是统治阶级的意志，因此，其目的主要取决于阶级性，但社会物质生活条件和可持续发展观对生态环境法的目的都有一定的影响。

一、发达国家有关环境法立法目的的立法实践

各国环境法对其立法目的都予以高度重视，在立法中均用法条的形式予以表示。对不同国家的环境法加以比较，不难发现各个国家的立法目的也有所不同。

美国《国家环境政策法》第二条规定，本法的立法目的是："宣布一项鼓励人同他的环境之间建设性的和愉快和谐关系的国家环境政策，推动为预防或消除对环境和生物圈的损害所做的努力并促进人类健康和福利，深化对国家至关重要的生态系统和自然资源的认识和设立国家环境质量委员会。"并规定了六项国家环境目标：①履行其每一代人都要做子孙后代的环境保管者的职责；②保证为全体

美国人创造安全、健康、富有生产力并在美学和文化上优美多姿的环境；③最广泛地合理使用环境而不使其恶化，或对健康和安全造成危害，或者引起其他不良的和不应有的后果；④维护美国历史、文化和自然等方面的重要国家遗产，并尽可能保持一种能为个人提供丰富与多样选择的环境；⑤使人口和资源使用达到平衡，以便人们享受高度生活水准和广泛的舒适生活；⑥提高可更新资源的质量，使易枯竭资源达到最高程度的再循环。

美国《清洁空气法》所规定的立法宗旨是：①为促进公众健康、福利和人口的生产力保护和发展国家空气资源的质量；②为实现预防和控制空气污染而发起和加速国家的研究和开发计划；③对州政府的空气污染预防和控制计划的发展和实施提供技术和财政的援助；④鼓励并帮助区域空气污染控制计划的发展和运转。

联邦德国《联邦污染控制法》（1974年）第一条规定："本法的宗旨是保护人类和动物、植物以及其他物体不受环境的有害影响，以及防止上述环境的有害影响的产生。"

日本环境法的目的在不同的时期有不同的表述。其1967年制定的《公害对策基本法》第一条第一款规定："本法是为了明确企业、国家和地方公共团体对防治公害的职责，确定基本的防治措施，以全面推行防治公害的对策，达到保护国民健康和维护其生活环境的目的。"同时，其第二款又规定："关于前款所规定的保护国民健康和维护生活环境，是与经济健全发展相协调的。"该条所规定的"保护国民健康和维护生活环境"，是以与"经济健全发展相协调"为条件的，表明了立法者优先发展经济的价值选择。因此在该法颁布后，日本企业界以经济发展优先为企业污染行为的挡箭牌，致使环境问题愈加严重而无法遏制。由此，日本法学界人士和环境保护专家都认为以牺牲国民生存环境来炫耀经济发展和国民生产总值是本末倒置，而强烈要求删除反映经济优先的条款。

有鉴于此, 1970年时在修改《公害对策基本法》时, 删除了第二款 "关于前款所规定的保护国民健康和维护生活环境, 是与经济健全发展相协调的" 之规定, 而将 "保护国民健康和维护生活环境" 作为该法的唯一目的。

在1992年联合国环境与发展大会确立了可持续发展的发展战略后, 日本在1993年制定的《环境基本法》体现了可持续发展观。其第四条将其立法目的规定为: "必须以为健全经济发展的同时实现可持续发展的社会构筑为宗旨, 并且以用充实的科学知识防治环境保全上的妨害于未然为宗旨, 实现将因社会经济活动以及其他活动造成对环境的负荷减少到最低限度, 其他有关环境保全的行动由每个人在公平的分配负担下自主且积极地实行, 既维持健全丰惠的环境, 又减少对环境的负荷。"

二、我国环境法对立法目的的规定

《中华人民共和国环境保护法》所规定的立法目的是: "为保护和改善环境, 防治污染和其他公害, 保障公众健康, 推进生态文明建设, 促进经济社会可持续发展, 制定本法。"《固体废弃物污染环境防治法》规定的目的是: "为了防治固体废物污染环境, 保障人体健康, 维护生态安全, 促进经济社会可持续发展。"《水污染防治法》的目的是: "为防治水污染, 保护和改善环境, 保障饮用水安全, 促进经济社会全面协调可持续发展。"《大气污染防治法》的目的是: "为防治大气污染, 保护和改善生活环境和生态环境, 保障人体健康, 促进经济和社会的可持续发展。" 我国环境法的立法目的具有明显的二元性特征, 即保护环境资源和促进经济建设。长期以来, 我国环境法的二元立法目的在兼顾保护环境和发展经济中发挥了巨大的作用。从表面上看虽然兼顾了人与社会的共同发展, 但是, 实际上还是以经济建设为优先, 环境保护服从于经济建设。

　　环境保护基本法如此,环境保护单行法也存在同样的问题。立法者更注重环境的经济价值而忽视了环境的生态价值,将经济效益置于生态效益之上,受这一影响,使传统环境法呈现出资源利用管理法的特征,而忽略了对生态保护的内容的规定。虽然立法者已经意识到这些缺陷,开始在制定和修订有关环境立法中加入生态安全和循环发展的理念,但目前我国环境立法目的整体上还不能明确反映建设生态文明的要求,这就需要我们面对生态环境法的立法目的提出有益的见解和主张。

三、面向生态文明的生态环境法立法目的

　　无论是环境法立法目的是一元论还是二元论,都有可能使环境保护与经济协调发展无法真正协调好,最后演变成事实上的经济优先。

　　在生态文明背景下反思生态环境法的立法目的,需要我们从生态文明的理论出发,把生态理念注入生态环境法当中,其根本目的应该为建设生态文明这一理想社会状态。这个状态包括两方面含义:环境正义和生态安全。环境正义的概念可以概括为:用正义的原则来规范人与人之间的社会关系及人与自然的关系,始终贯彻着自由和平等的理念,在处理环境保护问题上,不同国家、地区、群体之间拥有的权利与承担的义务必须公平对等;法律是调整人与人之间关系的社会规范,而环境正义正是强调在解决环境问题时要平衡个人之间、国家之间及其彼此之间的权利义务关系,是立足于环境保护视野下对社会关系的重新思索与定位。生态安全是指一国生态环境在确保国民身体健康、为国家经济提供良好的支撑和保障能力的状态。构成生态安全的内在要素包括:充足的资源和能源、稳定与发达的生物种群、健康的环境因素和食品。生态安全的实现与否影响着人类社会未来的发展,生态安全的实现依赖于相关生态环境法制

度的支撑,而突破传统环境法的瓶颈,向生态环境法转型,是实现我国生态环境法历史转型的重要举措。

第四节　面向生态文明的生态环境法立法原则

一、立法原则概念

立法原则是指立法主体据以进行立法活动的重要准绳,是立法指导思想在立法实践中的重要体现。反映立法主体在把立法指导思想与立法实践相结合的过程中特别注重什么,是执政者立法意识和立法制度的重要反映。立法原则是立法主体据以进行立法活动的重要准绳,是立法的内在精神品格之所在。

立法活动作为国家政权活动中的重要的活动,不能没有准绳,不能没有内在精神品格,所以,立法活动需要讲原则。立法基本原则对立法起着十分重要的作用。立法遵循一定的原则,有助于立法者采取有效的方式把一定的意志上升为国家政权意志,使所立的法有效地达到立法者的目的。立法遵循一定的原则,有助于立法者站在一定的思想高度上来认识和把握立法,在经过选择的思想理论指导下,使立法能沿着有利于立法者或执政者的方向发展。立法遵循一定的原则,有助于立法者协调立法活动自身的种种关系,统一立法的主旨和精神,使各种立法活动以及立法同它所调整的对象之间,有一种一以贯之的精神品格在发挥作用;有助于立法者从大局上把握立法,突出地、集中地、强调地体现立法者的某些意志。

二、立法原则的内容

1. 宪法原则

宪法是万法之法,具有最高法律效力,其他所有法律、法规,不是以宪法作为立法依据，就是不得同宪法或宪法的基本原则相抵触。如果离开甚至背离了宪法原则，立法乃至整个法律秩序及法律制度就会紊乱。所以，各国立法都非常重视正确处理宪法与立法的关系，立法应当以宪法为根据或不得同宪法相抵触。我国1982年宪法明确规定："一切法律、行政法规和地方性法规都不得同宪法相抵触。"

立法当以宪法为根据或者不得同宪法相抵触，作为一项立法原则，我们可以称其为立法的宪法原则。世界各国宪法原则主要有这样以下几项：人民主权原则、权力制约原则、基本人权原则和法治原则。

根据立法法的规定，我国立法所遵循的宪法基本原则，是指执政党在社会主义初级阶段的基本路线。按照这条基本路线，执政党及其领导的国家，在现时期以及今后相当长的历史时期内，也就是在社会主义初级阶段，是以经济建设为中心，以坚持四项基本原则和坚持改革开放为两个基本点。那么遵循以"一个中心两个基本点"为内容的宪法基本原则，意味着：首先，立法是以经济建设为中心。制定的法律、法规，是为国家的经济建设服务的。其次，立法应当坚持四项基本原则。社会主义和人民民主专政是国家的根本制度，立法的社会主义方向和人民民主专政性质是不能改变的，立法是维护和发展社会主义和人民民主专政的各项事业的。中国共产党的领导，是中国各项事业取得胜利的根本保证，因而立法需要坚持党的领导。立法坚持党的领导，主要是坚持以党的路线、方针和政策指导立法，而不是代替立法机关和其他立法主体的立法。马克思列宁主义、毛泽东思想、邓小平理论、"三个代表"重要思想及科学发展观，是各项事业的指针，也是立法的指针。再次，一方面，立法是与改革开放相得益彰。这些年来，随着改革开放的发展，社会生活的各个方面都发生了重大而深刻的变化，产生的大量的新的社会关系包括环境关系，

律。再次，坚持立法的民主原则，是监督制约立法的要求。

4.科学原则

坚持立法的科学原则，就是实现立法的现代化、科学化。立法遵循科学原则，有助于提升立法质量而产生良法，立法科学化要求尊重立法规律，克服立法中的主观盲目性和随意性，也有利于在立法中避免出现错误或减少错误和失误，降低立法成本，提高立法效益。所以现代国家一般都非常重视立法的科学原则。

立法遵循科学原则，要做到：一是立法观念的科学化。要用科学的眼光看待立法，以科学的立法观念影响立法。二是立法制度的科学化。要建立科学的立法运行体制、立法主体设置和立法权限划分。三是立法技术的科学化。坚持从客观实际出发，注重理论指导与实践相结合，尊重客观规律，立符合客观规律的法。

三、面向生态文明的生态环境法立法原则

生态环境法作为我国法制体系的重要组成部分，它的立法应该遵循我国立法法所规定的立法原则，即生态环境法立法宪法原则、生态环境法立法法治原则、生态环境法立法民主原则和生态环境法立法科学原则。

1.生态环境法立法宪法原则是指生态环境法立法必须以宪法作为立法依据，不得同宪法或宪法的基本原则相抵触，不得离开或背离宪法原则。

2.生态环境法立法法治原则是指一切生态环境立法权的行使和存在都是应有法的根据的，生态环境立法活动的大多数环节都依法运行，社会组织或成员以生态环境立法主体的身份进行活动，其行为应当以法为规范，履行法定职责，行使法定职权。在生态环境立法需要遵循的法的根据中，宪法是最高规格的根据。我国立法法规定：立法应当依照法定的权限和程序，从国家整体利益出发，维护社

会主义法制的统一和尊严。那么，我国的生态环境立法也必须依照法定的权限和程序，从国家整体利益出发，维护社会主义法制的统一和尊严。

3. 生态环境法立法民主原则是指生态环境立法权由人民行使。在我国，生态环境法立法民主原则既要注意保障全部立法权归于人民，又要注意在社会主义初级阶段由于人民的文化水平、政治觉悟、管理国家的能力和国家的经济实力条件等多方面的因素，尚不能由人民直接行使立法权，只能将立法权委托给人民代表或有关主体代为行使。在立法过程和立法程序方面，应当注意使立法面向社会公众，把各方面的问题、意见都摆出来，多方征求意见，在高度民主的基础上尽可能把正确的意见集中起来，使公众能有效参与和监督立法。

4. 生态环境法立法科学原则就是实现生态环境立法的现代化、科学化。要做到：一是生态环境立法观念的科学化。要用环境科学的眼光看待生态环境立法，以生态科学的立法观念影响生态环境立法。二是生态环境立法制度的科学化。要建立科学的生态环境立法运行体制、主体设置和权限划分。三是生态环境立法技术的科学化。坚持从客观实际出发，注重理论指导与实践相结合，尊重客观规律，立符合客观规律的生态环境法。

第五节　面向生态文明的生态环境法律体系的构建

一、生态环境法律体系的要求

生态环境法律体系的构建，目的是建设社会主义生态文明。要想实现这一目标，生态环境法律体系必须具备以下几点：

1. 以生态文明理念做指导

生态文明是一种适应性文明，因而，生态文明下的法律也应当是一种适应性的法律，有必要接受生态规律的约束。生态环境立法应该尊重生态规律，运用生态规律。这种性质要求生态环境立法必须打破行政区划和体制限制，以环境整体为对象、生态系统为单元，充分运用生态环境科学知识，针对生态环境的具体特点，因地制宜地构建生态环境法制体系。

2. 以谨慎行事、风险预防为原则

谨慎行事就是做事要小心谨慎，要充分考虑做某件事会产生的后果，然后做出做还是不做某事的选择。风险预防是指当已经选择做某事后，按照事前对事件后果的判断做出的防止不良后果发生的措施。二者有时间上的先后顺序，谨慎行事在前，风险预防在后。比如，某国计划在国内某地区建一个核电站，可以建也可以不建，要谨慎行事；如果建，就要对这个核电站所带来的风险做出预防措施，要风险预防。

我们以此为原则，在生态环境立法方面表现为对生态环境有害的行为能不做就不做；如果必须做，就要充分考虑危害后果，做出风险预防措施。由于有关环境未来的绝大多数预测都具有不确定性，所以如果有证据表明可能存在某种风险，就应当采取风险预防。

3. 以公众参与为形式

公民有权参与生态环境立法是立法民主法治的要求，也是生态文明的基本要求。作为全社会共同拥有的整体利益，生态环境的有效保护离不开社会各界的支持、理解和广泛参与。只有通过全社会的广泛参与，生态环境立法才能最切实、最彻底地反映和保护广大人民群众的根本利益。所以，生态环境立法要以公众参与为主要形式。

4. 以环境公平、生态安全为目标

公平是法律多层级价值体系中非常重要的一环，环境公平是环境正义观在生态环境法上的主要表现,任何主体都不能被人施加环境费用和环境负担,任何主体的环境权利都有可靠保障,任何主体受到环境侵害时都能得到及时有效的救济,任何主体违反环境义务的行为都能得到及时有效的纠正和处罚。生态环境法上的公平应包括自然公平和人类公平两个方面,而人类公平又包括代内公平与代际公平。

5. 以普遍责任为保障

生态文明强调社会公众对环境保护的普遍参与,因此,面向生态文明的生态环境法不能再像传统环境法那样,应当设定普遍的环境义务,并建立切实有效的监督机制,保证环境义务被切实履行。普遍责任并不是对社会主体不加区分的要求承担同等程度的责任,而是要在立法中根据社会主体对环境的不同影响及在环境保护中的不同角色,确定并合理设置相应的环境义务。

二、面向生态文明构建生态环境法律体系

目前,我国的环境法的体系虽已基本形成,但并不完善。结合我国实际情况,面向生态文明的生态环境法律体系应该分成以下几个部分:

(一)生态宪法的构建

1. 宪法的历次修订

我国的宪法自颁布实施以来,由于社会主义现代化建设和改革开放取得了巨大成就,社会生活发生了深刻变化,出现了宪法的一些规定与社会生活的变化存在着不适应的情况。另外,由于党在总结中华人民共和国成立以来正反两个方面的经验的基础上,在改革开放和社会主义现代化建设的实践中逐步形成了建设有中国特色社会主义的理论,即邓小平理论,理所当然地应由宪法确认其在国家生活中的指导地位。因此,自1988年以来,全国人民代表大会曾先后四

次以宪法修正案的方式对宪法的序言和部分条文进行了局部的修改和补充。

1988年4月12日，第七届全国人民代表大会第一次会议通过了宪法修正案。这个宪法修正案共两条（第一条、第二条），内容是：①国家允许私营经济在法律规定的范围内存在和发展。②对土地不得出租的规定作了修改，规定土地的使用权可以依照法律的规定转让。

1993年3月29日，第八届全国人民代表大会第一次会议通过了宪法修正案的第三至第十一条，主要为：在宪法序言第七自然段中更加完整地表述党的基本路线，增加了"我国正处于社会主义初级阶段"、"建设有中国特色社会主义的理论"、"坚持改革开放"等内容。

1999年3月15日，第九届全国人民代表大会第二次会议通过了宪法修正案的第十二至第十七条，主要为：①将邓小平理论与马克思列宁主义、毛泽东思想并列写入宪法，确立了邓小平理论的指导思想地位。②增加规定"中华人民共和国实行依法治国，建设社会主义法治国家"，确认了社会主义初级阶段的"依法治国"的基本治国方略等。

2004年3月14日，第十届全国人民代表大会第二次会议通过了第四次宪法修正案，这个宪法修正案共十四条（第十八条至第三十一条），主要内容是：①把"在马克思列宁主义、毛泽东思想、邓小平理论指引"修改为"在马克思列宁主义、毛泽东思想、邓小平理论和'三个代表'重要思想指引下"，确立了"三个代表"重要思想在国家政治和社会生活中的指导地位；②增加了"推动物质文明、政治文明和精神文明协调发展"的内容等。

总之，通过对宪法进行四次局部的修改和补充，及时地把在经济建设和改革开放中所取得的成果固定下来，有利于保障经济建设和改革开放的顺利进行，有利于建立并完善社会主义市场经济体制,并为各项立法提供宪法依据。

2.生态宪法的构建

（1）生态文明建设指导思想的发展确立

国务院在2005年末制定的《国务院关于落实科学发展观加强环境保护的决定》中强调"倡导生态文明,强化环境法治,完善监督管理体制,建立长效机制,建设资源节约型和环境友好型社会"。

2007 年,中国共产党十七大报告首次提出建设生态文明的问题,报告指出:"建设生态文明,基本形成节约能源资源和保护生态环境的产业结构、增长方式、消费模式。循环经济形成较大规模,可再生能源比重显著上升。主要污染物排放得到有效控制,环境质量明显改善。生态文明观念在全社会牢固树立。"（胡锦涛《高举中国特色社会主义伟大旗帜,为争取全面建设小康社会新胜利而奋斗》,人民出版社,2007年,第20页）

2012 年,党的十八大报告再次提及生态文明建设。报告认为:"建设生态文明,是关系人民福祉、关乎民族未来的长远大计。面对资源约束趋紧、环境污染严重、生态系统退化的严峻形势,必须树立尊重自然、顺应自然、保护自然的生态文明理念,把生态文明建设放在突出地位,融入经济建设、政治建设、文化建设、社会建设各方面和全过程,努力建设美丽中国,实现中华民族永续发展。"（胡锦涛《坚定不移沿着中国特色社会主义道路前进,为全面建成小康社会而奋斗》,人民出版社,2012年,第39页）

2013 年 11 月,党的十八届三中全会通过的《中共中央关于全面深化改革若干重大问题的决定》（以下简称《决定》）则明确提出加快生态文明制度建设。《决定》要求,"建设生态文明,必须建立系统完整的生态文明制度体系,实行最严格的源头保护制度、损害赔偿制度、责任追究制度,完善环境治理和生态修复制度,用制度保护生态环境。"

我国现行宪法已经在1999年和2004年两次修订中，把邓小平理论和"三个代表"重要思想确立为政治经济生活的指导思想，面对当前新的形势要求，有必要确立科学发展观和生态文明建设理论作为当前政治、文化、经济建设的指导思想，在宪法中加入此项内容。

（2）公民环境权的设立

公民环境权是公民享有在良好环境中生存和发展的权利。世界上很多国家将其纳入本国宪法。公民环境权的内容很广泛，各个国家对本国公民环境权所确认的范围也不尽相同。公民环境权是我国生态环境法制建设中需要确立和完善的内容。

我国公民环境权内容应包括以下几方面：一是对环境资源的利用权，二是环境监督权，三是环境信息知情权，四是环境侵害请求权。这四项权利的内容是人能够生存所应当享有的基本权利。

（二）生态环境基本法的建立

1. 提高立法层级

制定生态环境基本法首先要考虑的就是立法层级和效力问题。现行《环境保护法》同众多单项环境法律一样都是由全国人大常委会审议通过的，所以，它们的法律效力也是相同的。因此，生态环境基本法的立法机关应由全国人大常委会提高到全国人大，提高法律位阶，赋予《生态环境保护法》以基本法的效力。

2. 完善生态环境基本法内容

我国新环保法对1989年环保法进行了大面积的修改，确立了环境保护优先原则，但还需完善，需要在今后的立法实践中，增加生态保护方面的内容，融入生态系统理念，完善环境法的基本原则、基本制度等，使其成为真正的生态环境基本法。

（三）生态环境单行法的构建

1. 环境单行法的缺陷

环境单行法是我国现行环境法律体系的主体部分，我国的环境单行法的缺陷主要表现在以下几个方面：第一，现行环境单行法缺乏生态系统整体性理念，尚不完善。第二，环境单行法的内容过于简略、笼统，缺乏可操作性。第三，环境单行法中的程序性规则较少，存在着"重实体，轻程序"的现象。第四，在我国，有环境立法资格的主体很多，但这些主体之间缺乏配合。环境单行法之间存在冲突。

2. 生态环境单行法体系构建

（1）污染防治法律体系

目前，我国在污染防治方面，已经制定了《大气污染防治法》、《水污染防治法》、《海洋环境保护法》、《环境噪声污染防治法》、《有毒有害物质污染防治法》等法律。这些法律制定时间普遍较早，立法理念已经落后于时代。为了大力推进生态文明建设，我国已于2014年4月24日出台了新环保法。在新环保法中确立了环境保护优先原则，制定了一系列新的环境法律制度，如总量控制制度、环境监测制度、信息公开制度、跨行政区污染防治制度、农村环境综合治理制度等，这些制度在环境基本法中的建立，为污染防治单行法提出了新的要求。因此我们应该：

在环境监测立法方面，要重点做好对地下水资源、饮用水水源、主要河流交界断面及入海口水质、城市空气质量等方面的监测。

在城市污染防治方面，要加大空气污染治理力度，加快固体废物处理、污水处理设施建设。

在农村污染防治方面，加大对农村工业的污染防治力度，严格执行建设项目的环境准入制度，严把项目审批关，禁止高能耗、高污染、不符合国家环境政策的项目上马。要加强对农村饮用水水源地的环境改善，同时着力解决农村生活垃圾和污水排放问题，要加强环境标准制定，对农药、化肥等化学品制定明确的环境标准。

3. 循环经济与清洁生产法律体系

对于发展中国家而言，贫穷往往也是生态破坏和环境污染的社会根源。要想从根本上解决环境问题，还是要从转变发展模式和经济结构入手，发展生态经济能够为建设生态文明提供不竭的动力。目前我国与生态经济直接相关的法律主要有《清洁生产促进法》、《循环经济促进法》、《节约能源法》、《可再生能源法》、《农业法》、《矿产资源法》、《煤炭法》等，构建生态经济境法律体系，需要注意以下问题：

首先，大力开发绿色产品。在工业产品方面，支持企业研究开发生产环境标志产品、节能产品，鼓励企业开展国际绿色认证和环境标志认证。在农产品方面，加强绿色农产品和有机农产品标志管理，完善市场准入，加强食品安全检测检验体系的建设。

其次，全面推广清洁生产机制。从生产源头减少资源消耗，鼓励开展清洁生产审核，支持企业开展环境管理体系认证，建立重点污染企业的强制清洁生产审核制度。

最后，加快绿色财税和绿色金融的建设步伐。政府加强对相关企业的财税支持，完善投融资体制和财税金融扶持政策，鼓励金融机构加大对清洁生产企业的信贷支持和保险服务，引导社会资金参与生态环保基础设施建设和经营，加快对排污权交易、碳汇交易等制度的立法。

4. 生态保育法律体系

生态文明不仅要求维持基本生存的生活环境，还要追求平衡优美的生态环境。目前，我国涉及生态保育的法律法规主要有《水土保持法》、《海洋环境保护法》、《森林法》、《防沙治沙法》、《野生动植物保护法》、《自然保护区法》、《渔业资源保护法》、《草原资源保护法》等。这些立法还存在着目的二元论经济优先的影子，这些立法基本上都是建立在经济建设基础之上的，是在经济建设过程当中的环境保护，所以，依然是先污染后治理的路子。未来的生态保育法律体系，应当做到以下几个方面：首先，要加强对生态屏障区和自然保护区的保护力度，促进生物多样性和植物种质资源保护，加快生态修复，积极推进对水生态、湿地、土壤的保护和修复，加强重要海域、沿海滩涂的修复；其次，要推进主要流域生态基础设施建设，加强对饮用水水源和战略性水源的保护；最后，加快生态补偿制度建设。

5. 环境教育法律体系

生态文明建设的成功离不开具有生态精神的现代公民，这是生态文明建设的主体基础，也是生态文明建设能够持续发展的生命力保证。现代公民的塑造离不开良好的环境教育，而良好的环境教育需要相关法律制度的支持。

世界上许多国家都十分重视通过立法加强环境教育。日本早已形成了针对中长期目标的专业和非专业性正规教育，设立了对企业管理人员和政府官员的专门环境教育和对公众的社会性教育。美国在1970年制定了《环境教育法》，并在联邦政府教育署设置了环境教育司。

目前我国对环境教育的规定还仅体现在某些政策性文件中，或仅表现为法律条文中抽象性的条款，既无约束力又无操作性，不利于我国环境教育工作的开展。因此，当前环境教育法律体系的构建需重点解决以下问题：

首先，加强生态文明宣传教育，推行健康文明的生活方式。把生态文明的有关知识和课程纳入国民教育体系，加强对广大人民群众的生态文明教育和科普宣传，引导和鼓励绿色消费，提倡健康节约的消费文化。广泛宣传生态文明道德规范，倡导生态伦理道德，强化青少年环境基础教育，提高全民生态文明素养和保护环境的自觉性。加强生态环保志愿者队伍建设，动员社会各界积极参与各种形式的环保活动。

其次，建设生态文化载体。加强森林公园、湿地公园等的建设和管理,使其成为承载生态文化的重要平台;结合生态城市、生态乡村的建设,建设一批生态文化保护区,维护生态文化多样化。

(四)生态环境标准的建立

1. 环境标准概述

(1)概念、意义和特征

环境标准是国家为了保护公众健康,防治环境污染,保证生态安全,合理利用能源和自然资源,依据环境法律和政策制定的,用以规范有关环境的活动和结果的准则。广义上也包括专业和行业组织制定的自治性环境管理标准。

环境标准是对重要环境要素所作的技术的、法定的和统一的规定,是环境保护工作的基础性手段和工具。一方面,它为环境保护相关工作指引目标,是制定环境保护计划和规定的重要依据。另一方面,它又是考核污染防治和环境保护的效果的依据。具体表现在:

首先,环境标准是衡量环保工作和判断环境质量优劣的准绳。评价一个企业对环境的影响、评价一个地区环境质量的优劣,只有与环境标准相比较才能有意义。

其次,环境标准是环境执法的依据。不论是污染治理的目标、排污费的收取、环境问题的诉讼等,执法依据都是环境标准。

再次,环境标准是组织现代化生产的重要条件和手段。通过实施标准,可以制止任意排污,促使企业采用先进的无污染、少污染工艺;可以对污染进行治理和管理;可进行资源和能源的综合利用;可进行设备的更新等。

环境标准是按照严格的程序和科学方法制订的。环境标准的制订还要参考国家和地区在一定时期的社会经济发展状况、科学技术水平和自然环境特征。环境标准过于宽松,不能达到保护环境的基本要求,造成人体危害和生态破坏;过于严格,又不符合实际,将会限制社会和经济的发展。

环境标准具有法律效力,同时也是进行环境管理、环境规划、城市建设和环境评价的依据。

环境标准既是标准体系的一个分支,又是环境法体系的组成部分,具有如下特征:首先,环境标准具有规范性,它与法律一样是具有规范性的行为规则。其次,具有强制性。第三,具有严格的制定程序。第四,具有显著的技术性和时限性。

(2)我国环境标准的发展沿革

在考虑国内社会经济条件、现有科学技术和自然环境特征的基础上,规定环境中污染物排放的数量、浓度、时间、速率,以及污染物的允许含量及其他有关的技术规范,也包括国家认可和推行的国际环境标准。我国颁布的第一个环境标准是《"工业三废"排放试行标准》(1973年8月)。《中华人民共和国环境保护法(试行)》(1979年9月)明确了环境标准的制订、审批、实施权限,自此,环境标准工作有了法律保证和支撑。随后,有关水质、大气、噪声等环境质量标准以及轻工、化工、钢铁等四十多个国家工业污染物排放标准陆续出台。

20世纪80年代中期,国家又制定了相应的标准样品标准和方法标准。1991年12月,在广州召开了环境标准工作座谈会,提出了新的环境质量标准体系。2000年4月,第九届全国人大常委会第十五次会议修改的《中华人民共和国大气污染防治法》,贯彻了"超标即违法"的思想,进一步明确了环境标准的地位。

在国内环境标准立法快速发展的同时,我国也积极参与国际标准化活动。1980年,我国加入国际标准化组织(ISO)。1996年ISO 14000系列标准发布,我国反应积极,于1997年成立了中国环境管理体系认证指导委员会,以推进该项国际标准。我国在综合考查我国国情与国际趋势的基础上,已基本形成了结构完善、种类齐全、科学合理、协调配套的环境标准体系。

2. 环境标准分类

我国的环境标准可以进行如下的分类:

（1）依据职权范围分类

依据职权范围分类可以分国家标准和地方标准。

2014年新环保法第十五条规定:"国务院环境保护主管部门制定国家环境质量标准。省、自治区、直辖市人民政府对国家环境质量标准中未作规定的项目,可以制定地方环境质量标准;对国家环境质量标准中已作规定的项目,可以制定严于国家环境质量标准的地方环境质量标准。地方环境质量标准应当报国务院环境保护主管部门备案。"

国家环境标准在全国范围内执行,地方环境标准只在颁布该标准的省、自治区、直辖市辖区范围内执行。地方环境标准不得低于国家环境标准。

（2）依据内容分类

2014年新环保法第十六条规定,"国务院环境保护主管部门根据国家环境质量标准和国家经济、技术条件,制定国家污染物排放标准。省、自治区、直辖市人民政府对国家污染物排放标准中未作规定的项目,可以制定地方污染物排放标准;对国家污染物排放标准中已作规定的项目,可以制定严于国家污染物排放标准的地方污染物排放标准。地方污染物排放标准应当报国务院环境保护主管部门备案。"

①环境质量标准

这类环境标准是对一定区域环境内在限定时间内各种污染物的最高允许浓度所作的综合规定。它是衡量环境管理的依据、环境政策的目标、环境质量的依据,也是制定污染物排放标准的基础。

我国已发布的环境质量标准有地面水环境质量标准、大气环境质量标准、海水水质标准、渔业水质标准、城市区域环境噪声标准、农田灌溉水质标准等。

②污染物排放标准

污染物排放标准是国家对人为污染源排入环境的污染物的浓度或总量所作的限量规定。其目的是通过控制污染源排污量的途径来实现环境目标或环境质量标准。污染物排放标准按污染物形态分为液态、固态、气态以及物理性污染物（如噪声）排放标准。液态污染物排放标准，规定废水(废液)中所含的有毒金属化合物、油类、病原体、放射性物质和需氧有机物等的容许排放量；固态污染物排放标准，规定堆存、填埋和进入农田等处的固体废物中的有害物质的容许含量；气态污染物排放标准，规定一氧化碳、氮氧化物、二氧化硫、硫化氢、氟、氯以及颗粒物等的容许排放量。此外，还有物理性污染物排放标准如噪声标准等。

污染物排放标准按适用范围分为行业排放标准和通用排放标准。行业污染物排放标准规定某一行业所排放的各种污染物的容许排放量，只在该行业内有约束力。因此，同一污染物在不同行业中的容许排放量可能不同。行业污染物排放标准还可以按不同生产工序规定污染物容许排放量，如钢铁工业的废水排放标准可按炼铁、炼焦、烧结、酸洗、炼钢等工序分别规定废水中的容许悬浮物总量及油和pH值等的容许排放量。通用排放标准指在一定范围（全国或一个区域）内危害较大或普遍存在的各种污染物的容许排放量，适用于所有行业。有的通用排放标准按不同排向(如水污染物按排入海域、河流、湖泊、下水道)分别规定容许排放量。

③环境基础标准

这类环境标准是指在环境保护工作范围内，对有指导意义的符号、指南、导则等的规定，是制定其他环境标准的基础。由于基础标准在环境标准中的指导性地位，其验证和制定受到了国际上的重视，国际标准化组织(ISO)环境技术委员会将方法标准和基础标准作为其工作的重点。

我国已颁布的重要的环境基础标准有《中华人民共和国环境保护行业标准》、《环境保护图形标志》、《制订地方大气污染物排放标准的技术原则与方法》、《制订地方水污染物排放标准的技术原则与方法》等。

（3）依据是否具有强制性分类

据此，环境标准可分为推荐性环境标准和强制性环境标准。污染物排放标准、环境质量标准和法律、法规规定必须执行的其他环境标准均属于强制性环境标准。强制性环境标准必须执行。强制性环境标准以外的环境标准属于推荐性环境标准，如ISO 14000国际标准。国家鼓励采用推荐性环境标准，如果推荐性环境标准被强制性环境标准引用的，也必须执行。

3. ISO 14000环境管理标准

（1）ISO 14000概况

ISO 14000是国际标准化组织(简称ISO)为了满足各种类型的组织建立环境管理体系的需要而制定的，旨在规范各国企业和社会团体等所有类型的组织的环境行为，从而达到减少环境污染、节约资源的目的，并消除贸易壁垒，促进世界贸易发展的国际统一的环境管理标准。它用标准和指南的形式规范了环境管理的方式、内容以及认证所需要的审核程序。

ISO 14000的推出顺应了绿色革命的潮流，顺应了可持续发展的需要。它通过在企业内部建立高水平的环境管理体系，来提高环境管理效率，绿化企业活动的整个流程，进而有利于提高产品竞争力，提升企业形象，使环境效益转化为经济效益。

（2）ISO 14000的主要内容

ISO 14000系列标准是一体化的国际标准，它包括环境绩效评价、环境管理体系、环境审核、产品生命周期评估、环境标志等。与以往产品的技术标准和环境排放标准等不同，它以市场驱动为前提，具有可操作性、预防性、自愿性、广泛适用性的特点。ISO 14000系列标准顺应世界环境保护与经济发展的主流，符合可持续发展的战略思想，对改善我国企业的微观管理及宏观环境管理将有较大的帮助，并可以进一步改变我国企业的环境形象，有助于我国企业走向世界。

4. 生态系统质量标准的构想

（1）生态系统质量标准构建的背景

2000年，国家发改委作了一个关于规划体制改革的意见，提出空间平衡与协调的理念。政府在制定规划时，不仅要考虑产业分布，还要考虑人、空间、环境、资源的协调。此后，国家发改委开始针对这一构想开始大量研究。

2003年1月，中国工程院受国家发改委委托，开始研究相关课题，并在课题中提出增强规划的空间指导，确定主体功能的思路。功能区的概念也在这时略见雏形。

最后，中央在"十一五"规划纲要建议中提出功能区的概念，并最终列入"十一五"规划纲要。

2007年，国家建设部网站公布了《国务院关于编制全国主体功能区规划的意见》（国发[2007]21号，以下简称《意见》），《意见》要求，全国主体功能区编制规划将于9月完成初稿，并开始征求意见。2011年6月初《全国主体功能区规划》正式发布。

《全国主体功能区规划》是《国民经济和社会发展第十一个五年规划纲要》所确定的全国国土空间最新布局办法。根据这一布局，全国国土空间将被统一划分为优化开发、重点开发、限制开发和禁止开发四大类主体功能区。《意见》称，全国主体功能区规划是战略性、基础性、约束性的规划，也是国民经济和社会发展总体规划、区域规划、城市规划等的基本依据。

本规划将我国国土空间分为以下主体功能区：按开发方式，分为优化开发区域、重点开发区域、限制开发区域和禁止开发区域；按开发内容，分为城市化地区、农产品主产区和重点生态功能区；按层级，分为国家和省级两个层面。按照这一规划标准，全国传统行政区划界限将被打破，包括各类政策以及考核模式等都将以功能区为单位。每个功能区都可以看作为一个大的生态系统，这个生态系统的好坏将以生态系统质量标准来衡量。

（2）生态系统质量标准的内容

生态系统质量标准不是一个标准，而应该是一系列的标准，其中应该包括：

①生态系统基础标准：它应该是环境基础标准的一种，在生态系统环境质量标准的制定过程中，对有指导意义的符号、指南、规范、程序、代号等所做的统一规定，是制定其他生态系统标准的基础。

②生态系统监测方法标准：应该是环境监测方法标准的一种，是为监测生态系统质量和生态系统内污染物排放，规范分析测试、采样、数据处理等所做的统一规定。

③生态系统标准样品标准：生态系统标准样品是指在生态系统保护中，用来标定仪器、验证测量方法，进行量值传递或质量控制的材料或物质。

④生态系统污染物排放标准：是指为了实现生态系统质量目标，结合生态系统特点和经济技术条件，对在生态系统内排出的有害物质或有害因素所做的控制规定。

⑤生态系统质量标准：是指对生态系统内在限定时间内各种污染物的最高允许浓度所做的综合规定。它是衡量生态系统质量、生态系统政策和生态系统管理的依据，也是制定生态系统污染物排放标准的基础。

（3）生态系统质量标准制定机关

　　由于按照《全国主体功能区规划》的规划标准,全国传统行政区划界限将被打破,以前的国家和地方两级环境标准制定模式也就很难再适用,因此,生态系统质量标准的制定将走一个新的程序。虽然还是有国家和地方两级,但在地方层面,将不是以省、自治区、直辖市为单位制定标准,而应该是以一个功能区或者一个生态系统所涵盖的所有省、自治区、直辖市为单位,在国家(国家环境保护部)的统一协调下,按照功能区划共同完成标准的制定。这些标准在参与制定标准的省、自治区、直辖市中执行,属于地方标准的范畴。

第四章　环境执法

近年来，随着我国的生态环境法治建设的不断加强，环境执法水平有了显著提高，但是由于人类长期以来的各方面因素，环境行政执法工作也暴露出了一些问题。我们需要结合目前我国环境行政执法的现状，围绕环境行政执法当中存在的一些问题，提出解决环境行政执法问题相应的法律对策，否则将严重影响生态文明建设的发展。

第一节　环境执法概念与特征

一、环境执法概念

执法又称行政执法，是法律实施的重要组成部分和表现形式之一。执法是国家行政机关执行法律的活动，是行政权的核心内容。环境执法即环境行政执法，是指有关国家行政机关按照法定权限和程序将环境法律规范中抽象的权利义务变成环境法主体具体权利义务的过程，或者说是国家有关行政机关将一部分环境法律规范适用于具体环境法主体的过程。法律实施包括行政执法、司法审判和全社会公民遵守法律。法律实施是这三者的和谐统一，所以，环境执法就是环境行政机关保证环境法律实施的一种活动，是有关行政管理机关执行环境法律规范的活动，是国家环境法律制度系统中行政执法活动那一部分。环境行政机关的执法，又分为环境保护行政主管部门的执法和环境保护行政相关部门的执法。

二、环境执法特征

正是由于环境执法的上述性质，决定了环境执法具有如下一些主要特征：

第一，环境执法主体具有多部门性。有权从事环境执法的部门，除了各级人民政府及其环境行政主管部门外，还有许多相关行政管理部门，诸如土地、水利、林业、能源、资源综合利用、海洋、草原、气象、海事、渔业、城乡建设规划等诸多部门。正因为环境执法具有多部门性的特点，所以环境执法特别强调各部门之间的协调和配合。

第二，环境执法活动具有单向性，即环境执法机构可直接实施或自行决定执法行为，而无须征得相对人的同意或与环境执法相对人协商。

第三，环境执法往往具有超前性，即在许多情况下环境执法不是在环境被污染或被破坏的危害结果发生之后进行的，而是进行在环境危害结果发生之前，即环境执法的事前行政行为，通过行政制裁可及时制止危害或者可能危害环境的后果发生。

第四，环境执法手段具有多样性，既包括以说服教育为主的申诫罚，又包括制裁性质的财产罚和能力罚，对严重的行政违法行为甚至可处以人身罚。另外，由于环境法的科学技术性的特点，使环境执法手段需要具有很高的技术性，因此环境执法要求执法人员应当具备一定的环境科学技术知识。

第五，管理性和公益性特征。行政是行政主体对国家事务和社会事务以决策、管理、组织和调控等特定手段发生作用的活动。行政属于公务，是代表国家行使职权，根据公共信托理论，共有人委托国家来管理支配和保护共有财产,国家对环境的管理是受共有人的委托行使管理权,这就导致环境行政执法作为一种行政管理手段,必须以环境公益为出发点,以此来实现生态环境法的价值取向,环境行政的公益性和公共管理性不言而喻。

三、环境执法原则

环境执法应遵循以下原则。

1. 合法性原则:环境执法主体必须是依法组成的或依法授权执法的机关,环境执法机构必须在法定权限内执法,执法内容与执法程序必须合法。

2. 公正性原则:环境执法机构必须对任何单位和个人所享有的环境权利给予同等的保护,同时对任何单位和个人的环境违法行为都要无一例外地加以追究和制裁。

3. 效率性原则:环境执法机构的执法行为应讲求效率,在行使执法权时要以尽可能短的时间、尽可能少的人员,办理尽可能多的事务。

4. 合理性原则:环境执法机关的执法行为必须公允适当、具有合理性,只能根据违法行为的后果大小、情节轻重,选择合理的处罚标准,合理使用自由裁量权。

第二节　我国环境执法现状及问题分析

一、环境执法现状

1. 执法力度方面

目前,我国环境违法还比较严重,有些污染企业凭借着地方利税大户的身份有恃无恐,肆意排污。针对这种现象,环境执法部门开展了一系列的专项行动,主要表现在几个方面:首先,行动的次数增多,尤其是专项行动次数增多。其次,处罚力度加大,随着按日处罚制度的实行,对污染企业的处罚从几万一下子涨到几十万、几百万甚至几千万,伴随着高额的罚款有的企业负责人还要承担刑事责任。最后是执法投入加大了。环境执法需要大量的人力、物力和财力,随着国家对生态环境保护的重视承担不断加深,对环境保护方面的投入也相应地加大,环境保护部门的地位也在不断提升。

2. 执法理念方面

以往我国环境保护的方式更多的是事后执法的方式,主要有申诫罚、财产罚、能力罚和人身罚。随着新环保法的实施,一系列新的环境法律制度如源头和特定区域保护制度、环境承载能力检测预警制度、现场检测制度等的开始实行,把环境执法介入时机向前提,由末端治理向初段预防转变,从源头控制污染的方式逐渐取代了末端治理模式。这种转变其实就是执法理念的转变。

3. 执法手段方面

环境管理较为常见的方式有直接管制手段和经济刺激手段。直接管制手段是通过命令与控制来实现的,是环境行政管理部门根据法律法规的要求对行政相对人实施的一种行政行为。而经济刺激手段是一种间接管制手段,是从影响成本效益入手,引导当事人进行选择有利于环境的一种手段,最终实现环境保护的目的。我国环境执法以前乃至现在更多的还是以直接管制手段为主,这种从上至下的高压命令式的执法手段,在民主法治的今天已经不合适了,应该更多地通过引入政府鼓励、引导、奖励和支持来实现环境执法。

4. 执法队伍方面

由于环境保护的需要,环境行政执法队伍也必须逐步壮大,机构的分工越来越细化,越来越合理。我国组建了一支从国家到省、市、县的环境保护执法队伍,拥有环境监察机构3000余个,环境执法人员几万人。随着环境保护工作的深入开展，环境执法工作不断得到加强，环境执法队伍将进一步壮大。

二、环境执法中存在的问题及其产生的原因

我们在环境行政执法方面虽然取得了一些进步，但是环境问题依然突出，环境执法依然存在着许多问题：

1. 有的执法权限不清、责任承担不明

我国环境执法有一个特征就是环境执法多部门性。这个特征表明，在我国，环境执法的部门很多，有很多部门都对环境问题有执法权，这就有可能造成一个环境问题多个部门执法的可能，结果有时是谁都管不好。等到出事了，该有哪个部门承担责任的时候，这些部门又都不管了，相互推诿，结果是大家扭头跑。究其原因，主要是环境立法不清晰不明确造成的。依法行政是环境行政的基本原则之一，它要求环境执法主体必须依据法律、法规取得、行使行政权力并对行使权力的行为承担责任。多部门都要环境执法权又都有责任，到底由谁来承担，相关法律法规没有给出明确的答案。这种情形严重影响环境执法的效果。

2. 有的执法不严、违法不究问题突出

在现实生活中，环境问题的恶化，有时甚至更多时候不是无法可依，而是因环境执法部门的执法不严、违法不究造成的。有时有有法不依、执法不严的现象，大凡群体性事件，几乎都是与法治精神相悖。有的是执法者懈怠法定职责，不作为；有的执法者懒政应付了事；有的是执法者热衷于大搞"执法经济"，搞"选择性执法"和"钓鱼执法"；更有甚者，执法者与违法者合穿一条裤子，猫鼠一家，渎职失职，权力寻租。显而易见，靠个案问责的警醒，靠执法者自身法治素养的提升，靠所谓"刁民"的倒逼，不能从根本上解决执法不严的积弊。

明代政治家张居正曾说："天下之事，不难于立法，而难于法之必行。"牢固树立法律意识，建设法治政府，环境执法者必须忠于法律。现代环境法治要求行使公共权力的环境管理者，在内心深处必须敬畏法律，带头学法、守法、用法，依法执政。领导干部必须带头遵守法律，严格执法，运用法治思维和法治方式来解决实际问题，同时，强化法律责任，严肃问责执法不严的执法者。例如，山西省环保局通报了环保专项行动领导组对全省工业园区内293家企业执行环境法律法规情况集中检查的结果，此次检查的重点是工业园区内焦化、冶炼、化工等重污染行业违法建设及部分生态环境破坏问题及违法排污问题。山西省环保局专项行动领导组办公室认为，环保部门监管不力、执法不严是导致违法行为普遍存在的重要原因。在对检查发现的问题的处理中，有的市、县环保部门不是积极配合，而是说情保护或抢先处罚，在社会上造成了不良的影响。

造成执法不严、违法不究的原因基本上是行政干预与地方保护主义。地方保护主义的根源主要在于领导干部政绩考核标准多年来受经济至上观念的影响。领导干部为了本地区、本部门的经济利益，也为了自己的政绩，不惜以牺牲环境为代价，来换取眼前利益；有的以提高工作效率为由，取消或简化建设项目审批手续；更有些领导对本行政区域内正在发生或已经发生的环境违法行为，采取多种手段，设置层层障碍加以掩饰和保护，为违法行为开脱。此外，经济的不发达使得一些地方政府主要领导片面地强调本地区的经济发展，只要是能引进项目投资，能促进本地区的经济发展，就积极引进而不考虑该项目是否对本地区环境造成污染。

3. 有的执法队伍素质低下

虽然随着经济的发展，我国对环境行政执法的投入有所增大，但有时还是无法满足实际的需要。高素质人员的紧张、设备的老化和短缺等因素，制约着环境执法水平的提高。众所周知，我们现在几乎所有的行政执法行为，都是由基层的执法机构实施的。而我国的基层环保机构的环境执法人员既要对辖区工业企业进行环境执法，还承担着本辖区生态环境执法和农村环境执法，如此大量的行政执法任务有的难以完成。另外，环境执法设备缺乏，特别缺乏技术含量高的检测设备，使得有的环保部门对于可检可不检的一般都是不检，必须检测的因没有能力（无高水平的人或有人无设备）而放弃检测。这种情况其实就是有兵有枪却打不了仗。

究其原因，一是有的政府依然没有改变经济至上理念，淡化环境保护，对环境保护队伍建设的投资不够。二是有的环保执法人员素质较低。由于我国的环保工作起步较晚，各大中专院校开设环境保护类课程也晚，有受过相关教育的人员充实到环境保护执法队伍的较少，加上有的原有的环境保护执法人员的专业培训不到位，造成部分环保执法人员对环保法律、法规不熟悉，缺乏环境行政管理经验，也就谈不上依法办事了。

第三节　环境执法改革建议

鉴于以上对环境行政执法的现状和问题以及问题原因的分析，我们可以看出，完善环境行政执法体制尤为重要。

一、环境执法理念的转变

理念是事物追求的目的，是事物的本质，事物存在的目标就是实现它的本质，从而成为完美的存在。环境行政执法的理念是什么，或者说环境执法的理念应该是什么，是我们进行环境执法改革的首要任务。

环境行政执法理念应该包括以下内容：

（一）可持续发展理念是出发点和归宿

2012年11月8日,胡锦涛同志在中国共产党第十八次全国代表大会上所做报告中提出了建设"美丽中国"的新发展观。报告指出,建设生态文明,是关系人民福祉、关乎民族未来的长远大计,必须把生态文明建设放在突出位置,融入经济建设、政治建设、文化建设、社会建设各方面和全过程,努力建设美丽中国,实现中华民族永续发展。

"山清水秀但贫穷落后不是美丽中国,强大富裕而环境污染同样不是美丽中国"。长期以来,在中国共产党领导的中国特色社会主义建设事业中,人民群众的文化需求、温饱需求、富裕需求、保障需求正逐步得到满足。提出建设美丽中国的目标,就是为了满足人民群众日益增长的生态需求、绿色需求,就是要还大地以青山绿水,还老百姓以绿色家园,把我们的小康社会建设得更加美好。要想实现这样一个目标,需要我们坚持生态文明思想的指引,全面优化国土空间格局,促进资源节约,加大自然生态系统保护力度和加强生态文明制度建设。我们坚信,未来我国的环境执法将更加有力,财政投入将大幅增加,美丽中国建设步伐将进一步加快。从目前的情况看,自然的价值还没有完全被承认,生态不文明做法还存在,生态文明的理念需要进一步树立。

《中国21世纪初可持续发展行动纲要》中指出,环境保护是可持续发展的重要方面,要做到环境保护的可持续发展,就要把环境保护与经济发展统一起来。人类近几百余年的发展史证明了人只能属于自然,是自然的一部分。构建社会主义和谐社会,实现可持续发展,既是理想,也是挑战。可持续发展既是最终目标,同时又是发展过程。可持续发展的理念为环境行政执法指引了方向,这是环境行政执法所追求的最核心的理念。

(二)执政为民理念是基础

立党为公、执政为民,是"三个代表"重要思想的本质。实现人民的愿望、维护人民的利益、满足人民的需要，是"三个代表"重要思想的根本出发点和归宿。要想切实把立党为公、执政为民深入地、具体地落实到各项工作中去，就要求我们在实践中进一步坚定执政为民的理念。

代表谁的利益执政？这是任何一个执政党都必须认真回答和切实解决的理论与实践问题。在不同的社会制度下，不同的执政主体有着不同的执政理念。中国共产党是中国工人阶级的先锋队，同时是中国人民和中华民族的先锋队。中国共产党的执政权力是中国人民赋予的。因此，我们党执政的出发点和落脚点，都是为了领导和支持人民当家做主，发展好、维护好、实现好广大人民群众的根本利益。正如毛泽东同志所说：人民要解放，就把权力委托给能够代表他们的、能够忠实为他们办事的人，这就是我们共产党人。我们当了人民的代表，必须代表得好。他还强调：我们的责任，是向人民负责。每句话、每个行动、每项政策，都要符合人民的利益，这就叫对人民负责。

坚持立党为公、执政为民，就必须坚持完成党的各项任务与实现人民利益的统一，坚持为广大人民群众谋利益与为崇高理想奋斗的统一，始终尊重人民历史主体地位与坚持尊重社会发展规律的统一。任何情况下，在任何时候，都应努力地把最广大人民群众的根本利益发展好、维护好、实现好。对执政动机最根本、最直接的判断，就是看执政党是否真正用患难与共、风雨同舟的实际行动来实现和维护最广大人民群众的根本利益；就是看党的各级领导干部是否身先士卒、无私无畏地把最广大人民群众的根本利益放在第一位，切实把关心群众的工作做实、做细、做好。归根到底，就是看执政为民的认识和实践是否相一致。因此，执政为民的崇高理念，必须在实践中接受检验，在实践中得到升华和体现。

我们都是生活在社会这个大环境下的个体，我们适应环境和改变环境的目的都是为了使自己生活得更好。我国的新环境保护法在第一条中就写到："为保护和改善环境，防治污染和其他公害，保障公众健康，推进生态文明建设，促进经济社会可持续发展，制定本法。"服务人民、服务社会是我们立法、执法的根本基调和基本原则，要求我们不论是从法律、法规的制定还是在行政执法当中都要秉承这一理念。执政为民，使我们的政府真正是服务百姓的政府，使我们的法律是真正体现人民意志的法律。

（三）依法行政理念是保障

党的十六届四中全会通过的《中共中央关于加强党的执政能力建设的决定》，第一次明确提出依法执政、科学执政、民主执政，从执政方式和领导方式上创新了党的执政理念。"三个执政"把尊重人民群众的主体地位、强调法治和按客观规律办事紧密结合起来，从根本上回答了党如何执政的问题。依法执政就是要坚持依法治国，党领导立法，保证执法，带头守法，不断推进国家政治、经济、文化、社会生活的规范化、法制化；科学执政就是要从中国实际出发，以科学的方法、科学的制度、科学的思想正确处理党和国家及社会的关系，领导中国特色社会主义事业；民主执政就是要坚持靠人民执政，为人民执政，支持和保证人民当家做主。

党的十七大明确提出，要按照依法执政、科学执政、民主执政的要求，改善执政方式和领导方式，健全工作机制和领导体制，并把坚持"三个执政"写进了党章。这反映了我们党对执政规律认识的深化，反映了党对其所肩负的历史使命和所处的历史方位的清醒认识，也反映了我们党把推进党的建设同推进中国特色社会主义伟大事业紧密结合的高度自觉，为新形势下加强党的执政能力建设、加强和改善党的领导指明了方向，同时也为我国的环境行政执法指明了方向。

所谓依法行政，是指各级政府及其工作人员应当在法律和法规规定的范围内活动，不得超越法律或者法规的规定擅自行事。具体来说有以下要求：①行政机关在制定规范、实施立法活动等抽象行政行为时应做到依法行政；②行政机关在做出决策以及具体行政行为时应遵循依法行政原则，行政机关及其工作人员的行政行为必须有明确的法律依据；③一切行政行为都要自觉接受人民群众的监督。

依法行政的理念具体到环境行政执法，就是要求环境行政执法主体在执法过程中必须遵守法律、法规。只有法律、法规允许、限制、禁止的行为，环境行政执法机关才能允许、限制和禁止，只有法律、法规规定可以处罚的行为，环境行政执法机关才可以处罚，而且处罚的种类、幅度都要符合法律的规定。从上可以看出，依法行政是环境行政执法的基本准则，只有依法行政，才能实现依法治国，才能实现生态环境法治。

（四）公平正义理念是要求

党的十六届六中全会提出了"民主法治"、"公平正义"、"人与自然和谐相处"的构建社会主义和谐社会的总要求，其中，"公平正义"的总要求，就是社会各方面的利益关系得到妥善协调，人民内部矛盾得到正确处理，社会公平和正义得到切实维护和实现。公平正义是社会主义法治的基础，是社会成员最根本的价值追求，也是中国共产党在总结党的执政经验的基础上，对党执政的价值取向的创新。这一理念要求我们把最广大人民群众的根本利益作为制定和贯彻党的路线方针政策的基本着眼点，正确兼顾不同方面、不同地区、不同部门群众的利益，处理好新的历史条件下的人民内部矛盾，使社会公平和正义得到切实维护和实现。这一执政理念，要求我们党在执政的实践中，首先，要完善社会分配机制，既要能调动人民的劳动积极性，创造出更多的社会财富，又要能保证弱势地区、弱势群体的合理收入，使全体人民共享改革发展的成果，走共同富裕之路，达到结果公平。其次，要通过国家干预，为每个社会成员提供平等的机会，做到人尽其才，物尽其用，达到机会公平。最后，要加强民主和法治，为每一个社会成员提供平等的权利，消除过去人们出生伊始，就被依照出身进行等差划分，做到起点的公平。

公平正义是人类社会共同的追求，是社会主义法治的重要目标，实现公平正义是构建社会主义和谐社会的重要任务。在环境行政执法中，追求这一理念要求我们的环境执法者必须合理地行使自由裁量权，使权力的行使符合法律赋予该权力的目的，坚持秉公执法，坚持以公开促公正，将执法过程和环节置于社会的监督之下。只有这样，才能真正维护人民的利益，促进社会和谐发展。

二、强化环境行政执法

强化环境行政执法是我国生态环境法治建设的关键。目前我国已基本形成了一个较为完整的生态环境法体系，相对于当前一些环境执法滞后现象，另一个层面上也可以说我国的环境立法在某种程度上已经超前了。因此，今后环境法治建设的重点应当放在环境保护法律法规和规章的实施环节上。为解决环境行政执法中存在的问题，国务院也发布了《关于落实科学发展观加强环境保护的决定》，针对存在的问题，可以从如下几个方面着手：

（一）改革环境行政执法体制

明确部门权限，实现环境行政主管部门的统一监管职能。毫无疑问，环境行政执法体制不健全是影响环境行政执法效果的重要因素之一，环境行政管理体制的改革应着力解决三个方面问题：

1. 环境执法部门的权威性。在中央和地方设立具有高度权威性的环境保护机构（如中央环境管理委员会），进行垂直管辖，在中央层面，地位高于各部委，只有这样，环境执法才能更有力度。

2. 环境执法部门的独立性。把环境执法部门独立出来，这样可以避免政府的干预,使环境行政执法人员在执法过程中,执法权不受政府限制和影响,才能更好地按照环境保护法律、法规依法行事。

3. 环境执法部门的协作性。这是由环境执法主体多部门性决定的。环境执法部门应与其他部门建立起各尽其职、齐抓共管的协作关系,避免出现谁都能管、谁又不管的局面。

(二)建立环境行政执法的制约与激励机制

1. 制约机制的建立

制约机制应该包括环境执法主体对相对人的制约和对环境执法主体的制约。环境执法主体对相对人的制约主要就是环境执法,如新环境法规定的环境许可制度、限期治理制度、环境事故报告制度等,都是对环境执法相对人的制约。对环境执法主体的制约是指通过制度设计,要求环境执法主体主动执法,如新环境法中规定的环境监测制度、现场检查制度、信息公开制度等。

行政执法应该具有制约行政法主体违法行政与行政违法、具有激励行政法主体积极行政与积极实践权利的双重功能,环境行政执法的制约所独有的特征是既强调环境行政主体对环境行政相对方的制约,也赋予相对方对环境行政主体的制约。为使环境行政执法的目标得到有效实现,应积极发挥相对方对环境行政执法主体的积极作用,因为环境质量的好坏与公民的日常生活存在着密切联系,而一旦环境行政主体不履行或怠于履行其法定职责使公民的环境权益为此受到侵害时,如果有有效的对环境行政主体的制约机制,就可以对环境行政执法机构起到一定的制约作用,尽可能少地减少因此对公民受到的损害。

2. 激励机制的建立

要建立健全环境行政执法的激励机制,通过对环境行政法律关系各方的引导与奖励,最大限度地调动各方的积极性,共同致力于环境行政执法目标的实现。激励机制包括以下两方面的内容：

一方面是对环境行政主体的激励。新环境保护法第二十六条规定：国家实行环境保护目标责任制和考核评价制度。县级以上人民政府应当将环境保护目标完成情况纳入对本级人民政府负有环境保护监督管理职责的部门及其负责人和下级人民政府及其负责人的考核内容，作为对其考核评价的重要依据。2011年6月初，《全国主体功能区规划》正式发布，就是要求根据不同区域的资源环境承载能力、发展潜力和现有开发密度，统筹谋划未来经济布局、人口分布、城镇化格局和国土利用，将国土空间划分为优化开发、重点开发、限制开发和禁止开发四类，确定主体功能定位，控制开发强度，明确开发方向，完善开发政策，规范开发秩序，逐步形成资源环境、经济、人口相协调的空间开发格局。而按照这一规划标准，全国传统行政区划界限将被打破，包括各类政策以及考核模式等都将以功能区为单位，制定实施有针对性的政策措施和绩效考评体系。政府绩效考核模式将针对主体功能区不同定位，实行不同的绩效评价指标和政绩考核办法。禁止开发区域主要评价生态建设和环境保护；限制开发区域要突出生态建设和环境保护等的评价，弱化经济增长、工业化和城镇化水平的评价；重点开发区域要对经济增长、质量效益、工业化和城镇化水平以及相关领域的自主创新等实行综合评价；优化开发区域要强化经济结构、资源消耗、自主创新等的评价，弱化经济增长的评价。

另一方面是对环境执法相对方的激励。新环保法第三十六条规定：国家鼓励和引导公民、法人和其他社会组织使用有利于保护环境的产品和再生产品，减少废弃物的产生。现代环境行政执法的重要特征是扩大市场机制和公民自治的范围，弱化强制性行政的色彩。为使公民在环境治理中的价值得到重新确认，有必要通过行政奖励等手段，支持、引导、激励公民调动环境保护自觉意识，充分发挥主观能动性参与环境事务的管理。所以，应该在行政法规中制定具有可行性的激励制度，落实环保法的要求。

（三）加强环境行政执法队伍素质建设

打造一支高素质的环境执法队伍是提高环境执法水平、保证生态环境法律法规贯彻实施的需要。要想使生态环境法律法规很好地贯彻执行，更为有效地开展环境行政执法，提高执法能力，就必须建立一支高素质的环境行政执行队伍。因为环境行政执法是一项十分复杂的过程，科技含量很高。虽然现在我们的环境执法队伍素质有了一定的提高，但还应大力加强才能跟得上时代的需要。

1. 加强执法人员政治素质和执法水平的提高，要吸收一批懂法律法规和环境专业技术的人员充实到环境行政执法队伍中来，使环境行政执法人员了解、掌握环境保护专业理论知识，并在环境行政执法中得以运用，提高环境执法效率和效果。

2. 必须实现执法所需的装备和技术手段的现代化。要加强环境行政执法基础能力投入，保障环境行政执法经费是关键。新环保法第八条规定：各级人民政府应当加大保护和改善环境、防治污染和其他公害的财政投入，提高财政资金的使用效益。《全国主体功能区规划》规定：①产业政策。按照推进形成主体功能区的要求，研究提出不同主体功能区的产业指导目录及措施，引导优化开发区域增强自主创新能力，提升产业结构层次和竞争力；引导重点开发区域加强产业配套能力建设，增强吸纳产业转移和自主创新能力；引导限制开发区域发展特色产业，限制不符合主体功能定位的产业扩张。②投资政策。逐步实行按主体功能区与领域相结合的投资政策，政府投资重点支持限制开发、禁止开发区域公共服务设施建设、生态建设和环境保护，支持重点开发区域基础设施建设。③财政政策。以实现基本公共服务均等化为目标，完善中央和省以下财政转移支付制度，重点增加对限制开发和禁止开发区域用于公共服务和生态环境补偿的财政转移支付。

(四)建立环境行政执法的公众参与机制

2014年新环保法第五条规定,环境保护坚持保护优先、预防为主、综合治理、公众参与、损害担责的原则。第五十三条第一款规定,公民、法人和其他组织依法享有获取环境信息、参与和监督环境保护的权利。第五十三条第二款规定,各级人民政府环境保护主管部门和其他负有环境保护监督管理职责的部门,应当依法公开环境信息,完善公众参与程序,为公民、法人和其他组织参与和监督环境保护提供便利。

20世纪后期,随着人类经济的高速发展,环境问题越来越突出。美国《国家环境政策法》制定了公众参与制度,来克服和弥补政府调节和市场调节在环保领域的不足。实践证明,公众参与制度可以在环境保护中发挥巨大的作用。建立和完善公众参与制度有利于环境保护工作的开展,能更好地实现公民的环境权益。

1.公众参与的涵义

环境保护的公众参与,是指在环境保护领域,公众有权通过一定的途径参与公众环境利益相关的活动。环境执法中的公众参与是指公众及其代表根据环境法赋予的权利义务参加环境保护,是各级政府及有关部门的环境决策及环境管理工作的组成部分。

环境保护公众参与原则是环境法中的一项基本原则,也是公众的一项基本权利。在经济发展过程中,人们认识到仅靠政府或市场无法真正彻底解决环境问题,公众参与是环境保护的必然选择。

2.公众参与的作用

在我国环境保护法当中充分肯定了公众参与的作用,在许多条款中都有公众参与的相关规定。如新环保法第十四条规定,国务院有关部门和省、自治区、直辖市人民政府组织制定经济、技术政策,应当充分考虑对环境的影响,听取有关方面和专家的意见。第二十六条规定,国家实行环境保护目标责任制和考核评价制度……考核结果应当向社会公开。公众参与环境保护的作用体现在以下方面:

(1)公众参与有利于对环境执法、环境违法行为进行有效监督。由于环境执法的自由裁量权,难免会发生权利滥用的情形,滋生腐败,公众参与环境执法,有利于防止此类情况的发生。政府是追究环境违法行为责任的主体,但是由于环境问题具有复杂性、广泛性,有时环境违法行为人对环境执法人员采取故意规避的方式排污和破坏,加之环境执法部门人员的短缺、资金的不足、设备的落后等一系列问题,仅靠政府的力量难以对违法行为进行全面监控,而公众的广泛性可以弥补政府监督不足的缺陷。

(2)公众参与是捍卫自身利益的需要。我们每个人都是公众,都是公众的一分子,保护公众的利益其实就是保护我们自身的利益。我们生活在环境当中,我们人类与自然环境息息相关,破坏自然环境最后受害的仍是人类自己。所以,只有直接受害人——公众才是环境保护最有意愿也是最坚决的力量。

3. 公众参与存在的问题

我国《宪法》规定:"人民依照法律规定,通过各种途径和形式管理国家事务,管理经济文化事业,管理社会事业。"这是公众参与制度的宪法依据。在环境基本法和环境保护单行法中也有相关的规定,但是,由于立法的够不科学,使得公众参与很难得到很好的贯彻落实。

(1)用词含糊不具有操作性。例如新环保法第十四条规定,国务院有关部门和省、自治区、直辖市人民政府组织制定经济、技术政策,应当充分考虑对环境的影响,听取有关方面和专家的意见。听取"有关方面"意见,都指哪方面;听取"专家"意见,是经济专家还是环境专家意见。所以,这些含糊的用词给政府和环境保护部门在听取社会意见时就很容易做出只选择对自己意见支持的人来咨询，或者利用支持的占多数反对的只占一小部分，来完成公众参与的程序。

（2）缺乏程序性的规定，使公众参与无法真正实现。如我国《水污染防治法》第十三条规定："环境影响报告中，应当有该建设项目的所在地单位和居民的意见。"公众参与的内容和方式仅仅停留在制度层面，并没有规定相应的参与途径、程序，使公众无法参与。

4. 公众参与问题的解决

要想真正解决公众参与的实现问题，需要从以下两个方面着手：

（1）解放思想，开拓进取

解放思想，指的是国家、政府，无论是立法者还是执法者，需要转变一种思想——公众参与不是来添乱的，而是来帮国家和政府解决问题的。不要怕公众参与决策、参与执法、参与监督。要正确看待公众参与的作用，也要正确看待公众参与的不足之处，不能以偏概全、以点带面否定公众参与。开拓进取是指思想转变后，要在实际工作中落实公众参与，把公众参与作为执法工作的常态。

（2）完善公众参与的程序性规定

要想实现公众参与的常态化，就要完善公众参与的程序化规定。只有这样，才能把公众参与落到实处。

（五）充分发挥人大的监督作用

新环保法第二十七条规定，县级以上人民政府应当每年向本级人民代表大会或人民代表大会常务委员会报告环境状况和环境保护目标完成情况，对发生的重大环境事件应当及时向本级人民代表大会常务委员会报告，依法接受监督。这种监督方式是被动监督方式，由执法机构向人大报告，接受监督。在这以外，更有效果的应该是人大代表随时的监督，也叫主动监督，是指人大代表平时不定期不定时地对环境执法情况进行监督。因为人大代表是人民的代表,代表着人民,替人民行使监督的职权。所以,应该充分发挥人大的作用。

(六)加强行政机关的内部监督

行政监督是指按行政系统的组织层级或专门监察机关,依法对行政系统自身的行政行为的合法性、公平性和有效性的监察和督促行为。

我们知道,从多年的环境行政执法实践和推进环境行政执法建设要求来看,由于我国实行环境保护行政主导,行政部门自由裁量权大,且我们的行政监督机关监督的是自己的行为,可谓自己当自己的法官,这不符合公平正义的要求,尤其是行政首长负责制下,监督机关既不能充分行使监督权,也不能行使好监督权,正是这样一种情况,所以我们要制定一套行之有效的制度来克服这种不足。具体而言,我认为我们可以把是行政监督机关的"行政"两字去掉,同时为其配备一些专业人员,脱离行政机关的控制范围,对有损社会公共利益的环境行政执法要经过监督机关中的专业人员研究,执行与不执行,作为与不作为,不能只是行政机关说了算这么简单。此外,在环境保护行政主管部门内部建立强有力的执法监督约束机制,是确保依法行政的最直接举措。在环境保护行政主管部门内部全面推行执法责任制,将具体执法单位、部门的职责、执法任务和权限结合起来,并明确执法尺度和运作程序,以签订责任书的形式,使各项规章和考核制度得到落实。行政复议是行政机关上下级之间的一种执法监督与制约。收到复议申请的环境保护行政主管部门应当认真履行职能,依相对人的申请,依法对引起争议的环境行政处罚或其他具体环境行政行为进行复查,并作出相应裁决。这样才能更好地监督环境行政执法机关依法办事,通过制度实施可以对环保执法行为有效地制约和监督,可以提高环境执法的公正性、准确性和科学性。

第五章　环境司法

第一节　环境司法概念、特征与原则

一、环境司法概念和特征

司法即司法审判或诉讼，是法律实施的重要组成部分和表现形式之一。法律实施包括行政执法、司法审判和全社会公民的遵守法律。司法不包含在行政执法之中，是相对于行政执法独立存在的。行政执法与司法审判不能相互包含，司法审判是国家司法机关依法审理案件的活动，与行政执法不同。

环境司法是指有关的国家司法机关按照法定权限和程序，具体应用环境法律处理环境案件的一种专门活动，也是国家有关司法机关将一部分环境法律规范适用于具体环境法主体的过程。环境司法作为司法组成部分，除具有司法的裁决权威性、程序法定性和职权法定性一般特征外，它还具有自身的一些特征：

第一，环境司法主体具有普遍性。在我国目前的法律体制和法律制度下，没有专门为环境问题设立的司法机关，每个人民法院都可以审理环境案件，具有普遍的司法审判权。

第二，环境司法主体具有单一性。按照我国宪法和法律规定的司法制度，我国的司法权包括检察权和审判权两个部分，检察权由人民检察院行使，审判权由人民法院行使。因此，人民检察院和人民法院共同组成司法机关。而这里所说的单一性,是指环境司法机关不像环境执法行政机关那样有许多部门,而仅仅有人民检察院和人民法院两个机构,其各自承担检察权和审判权,在这个意义上讲环境司法主体又是具有单一性的。

第三,环境司法活动具有单向性。环境司法机构可直接实施或自行决定司法行为,而无须征得当事人的同意或与环境司法当事人协商。

第四,环境司法往往具有滞后性。环境司法在一般情况下是在环境被破坏或被污染的危害结果发生之后进行的,而不是在环境危害结果发生之前进行的,环境司法对于环境案件是被动审理,而不可能在案件发生前进行预防。一般情况下,不存在事前环境司法活动。像环境犯罪里的行为犯除外。

第五,环境司法审判具有多样性。既包括以说服教育为主的警告、训诫,又包括经济制裁性质的财产罚、能力罚和人身罚。另一方面,由于环境法的科学技术性的特征,环境司法对证据的取得和辨别需要很高的技术性要求,因此环境司法要求司法人员应当具备一定的环境科学技术知识。

二、环境司法原则

环境司法应遵循以下原则:

(1)公正性原则。对任何单位和个人所享有的环境权利,环境司法机关必须给予同等的保护,对任何单位和个人的环境侵权行为,都要无一例外地加以追究和制裁。

(2)合法性原则。环境司法主体必须是依法授权行使司法权或者依法具有管辖权的机关,司法内容与司法程序必须合法,环境司法机构必须在法定权限内行使司法权。

(3)效率性原则。环境司法机构的司法行为应讲求效率,在行使司法权时要以尽可能用最短的时间,办理尽可能多的事务。

(4)合理性原则。环境司法机关的司法行为必须公允适当、具有合理性,只能根据违法行为的后果大小、情节轻重,选择合理的处罚标准,合理使用审判权。

第二节　环境司法内容

一般司法包括民事司法、行政司法和刑事司法,环境司法与一般司法具有相同的形式,包括环境民事司法、环境行政司法、环境刑事司法,也可以说环境司法是一般司法的组成部分,是一般司法的延伸和发展。

一、环境民事司法

民事司法,是指司法机关及其工作人员依据民事法律规范,包括民法和其他法律中有关民事实体问题和民事程序问题的规定,对各类民事案件进行审理的活动。环境民事司法,是指司法机关及其工作人员依据民法和其他法律中有关环境损害赔偿的实体问题和程序问题的规定,对因污染或破坏环境及资源提起的民事案件进行依法审理的活动。

环境民事司法与一般民事司法基本相同,都包括起诉、受理、审理、调解、辩护、判决或裁定等活动。主体一方面是民事原告、被告、辩护人、证人、第三人等,一方面是人民法院及其审判人员。

环境民事司法与传统民事司法也有不同之处,主要表现在以下几个方面:

1.环境民事司法与传统民事司法的一个不同,体现在由环境损害赔偿引起的诉讼纠纷及其解决上。发生了因破坏生态系统要素提起的诉讼和由这种破坏导致的对人身和财产的损害的连带赔偿问题或者是区分这两种损害赔偿的问题,在传统民法司法中,对于这种问题而提起的诉讼是不予受理的,即不会因破坏自然生态系统要素而发生民事诉讼,也不会对这种破坏行为追究民事赔偿责任。所以需要由环境民事司法加以解决。

2. 环境损害赔偿案件的证据问题

(1)环境损害赔偿案件证据的证明对象

新环境法第六十四条规定:因污染环境和破坏生态造成损害的,应当按照《中华人民共和国侵权责任法》的有关规定承担侵权责任。所以,环境损害赔偿案件证据的证明对象应属于民事侵权纠纷案件证据证明对象的范畴,是指能引起所争议的法律关系发生、变更、消灭的实体法方面的事实以及影响诉讼法律关系发生、变更、消亡的程序法方面的事实,包括实体方面的证明和程序方面的证明两部分。环境损害赔偿案件证据的证明对象以污染事实为核心内容,其所要证明的实体方面的证明对象又主要包括三个部分:第一是环境损害的事实及由于这个事实所导致的受害人人身或财产的损害事实,第二是行为人污染环境的行为及其方式和有无采取防污染的措施,第三是环境损害和由此导致的人身及财产的损害是否由于不可抗力原因或者受害人、第三人的故意或过失行为所致。其所要证明的程序性质的事实,主要包括法院受案范围及管辖权、法院管辖范围、前置程序以及其他程序性的证明对象,等等。这些一般民事侵权案件证据的程序性证明对象,也是环境损害赔偿案件证据的证明对象。环境损害赔偿案件的证明对象与一般民事侵权案件证据证明对象的不同则在于它需要运用较多的科学技术鉴定,来确定证明对象。因此,建立环境损害赔偿法律制度,需要对证明对象作出特定的规范。

(2)环境损害赔偿案件证据的性质及特征

环境损害赔偿案件证据的性质属于民事法律侵权赔偿案件证

据的一种,具有一般民事诉讼证据的特征,即具有一般民事诉讼证据所具有的关联性和客观性的特征。但又有别于一般民事诉讼证据,具有取得证据的鉴定多、间接证据多及证据不易固定等特征。

所谓证据的鉴定多,是指环境损害赔偿案件,不论是污染事实,还是损害事实,以及污染行为与损害结果之间是否存在因果关系乃至因果关系大小的事实,都需要依据鉴定机构通过技术鉴定所作出的结论来作出判定。在环境损害赔偿案件取得证据的各个环节中,技术鉴定是不可缺少的内容。

所谓间接证据多,是指由于有的环境损害结果要在环境损害行为进行甚至结束一段时间后才会出现,这就使得这类环境损害行为与损害结果之间的因果关系,需要经过一定的时间后才能认定。所以证明污染行为及损害结果的证据以间接证据居多。

所谓证据不易固定,是指由于污染物对于环境的污染过程是不断地发生物理变化和化学变化的,因而,真实的证据在没有被发现就可能发生了变化,或者虽然证据发现,但由于证据性质的不稳定而没有被固定保留下来,例如大气污染就是这种情况。

(3)环境损害赔偿案件的举证责任

《民事诉讼法》第六十四条规定:"当事人对自己提出的主张,有责任提供证据。"这一规定,确立了我国民事诉讼证据责任"谁主张,谁举证"的一般原则。最高人民法院《关于适用〈中华人民共和国民事诉讼法〉若干问题的意见》第七十四条规定:"在下列侵权诉讼中,对原告提出的侵权事实,被告否认的,由被告负责举证……"其中第三项为"因环境污染引起的损害赔偿诉讼",这是对《民事诉讼法》关于举证责任分配原则的重要补充,但其中关于举证责任倒置的规定过于原则化,在司法实践中不易操作。

最高人民法院于《关于民事诉讼证据的若干规定》第四条第三项规定:"因环境污染引起的损害赔偿诉讼,由加害人就法律规定的免责事由及其行为与损害结果之间不存在因果关系承担举证责任。"这是对因环境引发的损害赔偿诉讼实行举证责任倒置作出的较为明确的规定。

关于污染环境免责事由的举证责任，我国很多都法律均作出了规定，加害人需对这些免责事由的存在承担举证责任。包括对因受害人自身导致污染损害的举证，对因政府有关部门过失与疏忽导致污染损害的举证，对因第三人过错导致污染损害的举证，对因战争行为导致污染损害的举证，对不可抗力的举证等。

环境损害赔偿案件中，除此举证责任倒置外，环境受害人按照法律的规定，也同样需要承担一部分的举证责任，包括：①客观的污染损害事实。包括对财产损害的事实，对生态系统污染损害的事实，对人身损害的事实等。②证明环境加害人存在污染损害行为。环境受害人只需证明环境加害人将污染物质排入环境就完成了举证责任。

（4）环境损害赔偿案件的举证范围

环境损害赔偿案件的证据范围需要科学的确定，这对于案件是至关重要的。环境损害赔偿案件的举证范围主要包括污染损害行为、污染损害后果、污染损害行为与污染损害结果的因果关系、免责事由等。①污染损害行为主要是：行为人实施污染损害行为的地点、时间、方式等，如果是连续排污的，需要弄清污染物的种类、数量、污染源的位置等。此外还应当考虑污染事实发生的外部环境状况，诸如污染事实发生时的气候状况等。②污染损害后果，主要包括受污染损害的生态状况，因污染损害导致的财产损害状况及人身损害状况等。③污染损害行为与污染损害后果之间的因果关系，这是最主要的证据范围，是准确界定责任的基础。④免责事由，包括我国有关法律规定的受害人自身过错、第三人过错、不可抗拒的自然灾害、战争行为等。

（5）代表人诉讼

我国《民事诉讼法》确立了代表人诉讼制度。《民事诉讼法》第五十四条规定：当事人一方人数众多的共同诉讼，可以由当事人推选代表人进行诉讼。代表人的诉讼行为对其所代表的当事人发生效力，但代表人变更、放弃诉讼请求或者承认对方当事人的诉讼请求，进行和解，必须经被代表的当事人同意。第五十五条规定：诉讼标的是同一种类、当事人一方人数众多且在起诉时人数尚未确定的，人民法院可以发出公告，说明案件情况和诉讼请求，通知权利人在一定期间向人民法院登记。向人民法院登记的权利人可以推选代表人进行诉讼；推选不出代表人的，人民法院可以与参加登记的权利人商定代表人。代表人的诉讼行为对其所代表的当事人发生效力，但代表人变更、放弃诉讼请求或者承认对方当事人的诉讼请求，进行和解，必须经被代表的当事人同意。人民法院作出的判决、裁定，对参加登记的全体权利人发生效力。未参加登记的权利人在诉讼时效期间提起诉讼的，适用该判决、裁定。这项制度在美国称为集团诉讼。

集团诉讼是指多数成员彼此间具有共同利益，因人数过多致无法全体进行诉讼，由其中一人或数人为全体利益起诉或应诉。它是多数人之诉的一种形式。在环境侵权案件中，受害人往往数量众多，但实力弱小，若各自起诉，不但费时费力，而且难以胜诉。集团诉讼把大家聚集在一起形成合力，与被告之间拉近实力距离，便于作出有利于受害方的判决。

（6）公益诉讼

第十一届人大常委会第二十八次会议新修订的《中华人民共和国民事诉讼法》中规定，对污染环境、侵害众多消费者合法权益等损害社会公共利益的行为，法律规定的机关和有关组织可以向人民法院提起诉讼。这是我国首次对公益诉讼问题作出的立法规定，开启了我国公益诉讼的大门。

2014年4月24日，第十二届人大常委会第八次会议通过了新修订的《中华人民共和国环境保护法该法》，该法第五十八条规定："对污染环境、破坏生态、损害社会公共利益的行为，符合下列条件的社会组织可以向人民法院提起诉讼：（一）依法在社区的市级以上人民政府民政部门登记；（二）专门从事环境保护公益活动连续五年以上且无违法纪录。符合前款规定的社会组织向人民法院提起诉讼，人民法院应当依法受理。"这是我国环境立法对环境公益诉讼制度的具体规定。

近几十年来我国以沉重的环境代价换来了令世界瞩目的经济增长，这个代价，其实就是牺牲了社会环境公共利益。根据我国现行宪法及有关法律的规定，我国的一切自然资源归国家所有。但现实生活中，国家所有的自然资源并未得到有效的保护，社会环境公共利益受到损害。因此，有必要建立环境公益诉讼制度来有效保护社会环境公共利益。

所谓环境公益诉讼，一般是指个人和组织根据法律的授权，对遭受损害或者存在遭受损害危险的社会公共环境权益、国家环境权益，向法院起诉，追究违法者法律责任的诉讼行为。从司法的角度来说，环境公益诉讼是法院在当事人及其他参与人的参加下，按照法定程序，依法对组织或个人提起的违法损害社会公共环境权益、国家环境权益的诉讼进行的审判活动。

在新民诉法和新环保法相关规定出台以前，我国已有环境公益诉讼的司法实践。2010年，为保护昆明市生态环境和生活环境，追究危害环境的侵权责任，在云南省昆明市政法委牵头下，昆明市中级人民法院与昆明市人民检察院联合制定《关于办理环境民事公益诉讼案件若干问题的意见》（以下简称《意见》），主要内容包括：

一是规定人民检察院、环保机构、环保社团组织可以作为环境民事公益诉讼的公益诉讼人。同时，对检察机关支持起诉的内容和操作程序作了相应规定。

二是规定了除检察机关、环保行政机关、环保社团组织之外的其他公民、法人和组织的检举、控告权。

三是规定明确了环境民事公益诉讼证据原则。

四是明确了环境民事公益诉讼禁止令制度。该制度目前在全国尚属首创，《意见》中对禁止令的申请条件和操作程序均做了原则性规定。

五是《意见》借鉴美国人身保护令司法程序，把警察执法力量引进民事公益诉讼审判。

六是明确了环境民事公益诉讼判决内容。规定环境公益诉讼人（原告）胜诉的，被告承担的修复环境费用及损害赔偿金应当向昆明市环境公益诉讼救济资金专户支付。若环境公益诉讼人（原告）的调查取证、鉴定、律师代理等相关费用是由救济基金专户支付的，则该费用可由被告直接向救济基金专户支付。

当然，新环保法规定的环境公益诉讼制度并非完美，离我们期待的环境公益诉讼制度还有一段距离，这个距离就是提起环境公益诉讼的原告资格。目前只有符合法律规定条件的环保社会组织可以提起环境公益诉讼，而国家机关、其他社会组织和公民个人均无权提起环境公益诉讼，这与国外环境公益诉讼主体资格的规定以及国内一些地区先行先试的经验有一定的差距。

二、环境行政司法

(一)环境行政司法的概念和特征

环境行政司法是指公民、法人或其他组织认为环境管理机关或其工作人员的具体行政行为非法侵犯了公民、法人或其他组织的合法环境权益，而依法向法院提起诉讼和法院依法审理的活动。

环境行政司法具有如下特征：

（1）环境行政司法的原告是环境行政行为的相对人，即参与环境行政行为的除行政机关以外的所有人都可以成为原告；而其被告则是特定的，即被告只会是具有环境行政管理职能，并实施了具体环境行政行为的环境行政管理机关。

（2）环境行政司法是因公民、法人或其他组织不服环境行政管理机关在履行环境管理职能时的具体行政行为而引起的。

（3）被认为侵犯了环境行政相对人合法权益的具体行政行为，必须是法律、法规规定了的可诉行为。

（4）环境行政司法的标的是环境行政争议，即环境行政机关在实施环境行政管理权时与相对人发生的争议。

（二）环境行政司法的种类

根据引起诉讼的争议的性质，环境行政司法可分为以下三种：

（1）履行职责之诉。即公民、法人或其他组织等行政相对人在环境行政管理机关或其工作人员拒不履行其法定职责，如不履行法定的保护环境的职责，或不在法定期间内答复相对人的申请等，而向法院提起的申请法院责令环境行政机关或其工作人员履行其法定职责的诉讼。

（2）行政赔偿之诉。即环境行政相对人的合法权益因环境行政管理机关或其工作人员的环境行政行为而受到损害时，向法院提起要求环境行政机关予以赔偿的诉讼。

（3）司法审查之诉。即环境行政相对人对环境行政管理机关或其工作人员的处罚决定等的合法性、适当性有疑义时，而向法院提起的要求法院对环境行政管理行为的合法性、适当性进行审查的诉讼。

（三）环境行政司法的内容

1. 环境行政司法的受理范围

诉讼的受理范围,是指哪些争议可以被人民法院作为一个诉讼纠纷而受理;只有属于法院受理范围的案件,法院才会受理并予以审理。根据法律规定,我国环境行政司法的受理范围主要是《行政诉讼法》所规定的环境行政司法受理范围,有以下三种情况:

(1)《行政诉讼法》第二条的规定:公民、法人或其他组织认为行政机关和行政机关工作人员的具体行政行为侵犯其合法权益,有权依照本法向人民法院提起诉讼;凡是被公民、法人或其他组织认为侵犯了其合法权益,且依法可以提起诉讼的具体环境行政行为都可以成为环境行政司法的受理范围。

(2)《行政诉讼法》第十二条的规定:下列情形也属于环境行政司法的受理范围:对限制人身自由或者对财产的查封、扣押、冻结等行政强制措施和行政强制执行不服的;对行政拘留、暂扣或者吊销许可证和执照、责令停产停业、没收违法所得、没收违法财物、罚款、警告等行政处罚不服的;对行政机关作出的关于确认土地、矿藏、水流、森林、山岭、草原、滩涂、海域等自然资源的所有权或者使用权的决定不服的;申请行政许可,行政机关拒绝或者在法定期限内不予答复,或者对行政机关作出的有关行政许可的其他决定不服的;对征收、征用决定及其补偿决定不服的;认为行政机关侵犯其自主经营权或者土地承包经营权、农村土地经营权的;申请行政机关履行保护人身权、财产权等合法权益的法定职责,行政机关拒绝履行或者不予答复的;认为行政机关不依法履行、未按照约定履行,或者违法变更、解除政府特许经营协议、土地房屋征收补偿等协议的;认为行政机关滥用行政权力排除和限制竞争的;认为行政机关违法集资、摊派费用或者违法要求履行其他义务的;认为行政机关没有依法支付抚恤金、最低生活保障待遇或者社会保险待遇的;认为行政机关侵犯其他人身权、财产权等合法权益的。

(3)《行政诉讼法》第十三条的规定:下列案件不属于环境行政

司法的受理范围：行政机关对其工作人员的奖惩、任免等决定；国防、外交等国家行为；行政法规、规章或者行政机关制定、发布的具有普遍约束力的规定、命令；法律规定由行政机关最终裁决的具体行政行为。

2. 环境行政司法管辖

环境行政司法管辖，是指各级各地法院受理第一审环境行政司法案件的分工和权限。管辖问题直接决定一个案件能否有效进行，即原告只能向有管辖权的法院提起诉讼，案件才会得到受理。根据我国《行政诉讼法》的规定，环境行政司法的管辖问题的内容如下：

（1）两个或两个以上法院都有管辖权的案件，原告可以选择其中一个法院起诉；原告向两个以上有管辖权的法院起诉的，由最先收到起诉状的法院管辖。对于不属于自己管辖的案件，应及时移送有管辖权的法院。上级法院有权提审下级法院管辖的案件，也可以移交自己管辖的案件；下级法院也可以申请由上级法院审判其管辖的案件。对下级法院因特殊原因不能行使管辖权以及对管辖权有争议而不能协商解决的案件，上级法院有权指定管辖。

（2）环境行政司法由环境行政机关所在地的法院管辖。环境行政司法一般由最初作出具体行政行为的行政机关所在地的法院管辖；对经复议改变原具体行政行为的，也可以由复议机关所在地的法院管辖；对限制人身自由的强制措施不服的，由被告所在地或原告所在地法院管辖；因不动产提起的环境行政司法，由不动产所在地法院管辖。

（3）一般的环境行政司法，由基层法院管辖；对国务院各部门或者省、自治区、直辖市人民政府所作的有关环境行政行为提起的诉讼，或在本辖区内重大、复杂的案件，由中级人民法院管辖；本辖区内重大、复杂的案件，由高级人民法院管辖；在全国范围内重大、复杂的案件，由最高人民法院管辖。

3. 环境行政司法的诉讼时效

时效，是指一定的事实状态在法定期间内持续存在，从而产生与该事实状态相适应的法律效力的法律制度。而诉讼时效，则是指权利人于一定期间内不行使请求权即丧失请求法院保护其权利的权利之制度。

我国《行政诉讼法》规定的诉讼时效有两种：一种是对复议决定不服的，可以在收到复议书之日起15日内向法院提起诉讼；二是直接向法院起诉的，应当在知道作出具体行政行为之日起3个月内提起。

4. 环境行政司法的举证责任

根据《行政诉讼法》第三十四条的规定，"被告对作出的具体行政行为负有举证责任，应当提供作出该具体行政行为的证据和所依据的规范性文件"，在环境行政司法中，被告即环境行政管理机关对其行为的合法性和适当性负有举证责任。其原因是环境行政管理机关对其环境行政行为的产生、发展和结束具有决定性的作用。根据依法行政的要求，其每一个行为都应有充分的法律依据和事实依据。因此，与行政相对人相比，具有更强的证据收集能力。另外，根据《行政诉讼法》第三十五条的规定，"在诉讼过程中，被告及其诉讼代理人不得自行向原告和证人收集证据"，因此，在环境行政司法开始后，环境行政管理机关不能再自行去收集和补充证据。

5. 环境行政司法的执行

根据《行政诉讼法》的规定，环境行政司法的执行规则如下：

（1）公民、法人或其他组织拒绝履行判决、裁定的，环境行政管理机关可以向第一审法院申请强制执行或依法强制执行；对于环境行政机关拒绝履行判决、裁定的，公民、法人或其他组织可以申请第一审法院强制执行。

（2）公民、法人或其他组织对具体行政行为在法定期限内不提起诉讼又不履行的，环境行政管理机关可以申请法院强制执行或者依法强制执行。

三、环境刑事司法

(一)环境刑事司法概念

所谓刑事司法，是指司法机关及其司法人员依据有关刑事法律规范，包括刑法和其他法律中有关犯罪、刑罚等实体问题及程序问题的规定，对于各类刑事案件进行依法审判的活动。其中主要包括人民法院的立案、审理、判决及执行，社会组织及公民个人的起诉及检察机关的公诉和抗诉等活动。

环境刑事司法是根据刑法和其他相关法律中有关环境犯罪和刑罚的规定，由司法机关，主要指审判机关和检察机关及其工作人员按照法定职权和法定程序，对因污染或者破坏环境及资源而提起的案件，进行提起公诉或抗诉、审理、判决和执行等的一系列活动。环境刑事司法的主体与一般刑事司法主体一样，一方面是行使司法权的人民检察院及其检察人员、人民法院及其审判人员，另一方面是公诉案件的犯罪嫌疑人、被害人、辩护人、证人和自诉案件的原告和被告。

(二)环境刑事司法特征

1. 与传统刑法保护相比，环境刑事司法保护的范围更大。传统刑法对社会关系的保护主要是人身权和财产权，而环境刑事司法除对人身权、财产权的保护外，还保护环境要素、环境权益和环境资源等。

2. 环境刑事责任承担主要以财产刑为主。环境被破坏、被污染，都需要治理和恢复，这就需要大量的人力、物力、财力。所以，在对单位进行处罚时多以财产罚为主。

（三）我国环境司法现状

随着改革开放的不断深入，我国经济持续发展，但与此相伴的是生态破坏与环境污染日益严重，环境纠纷越来越多。在这种形势下，作为解决环境纠纷重要途径的司法救济，应该发挥其应有作用。从我国环境司法现状来看，环境司法机制还存在一些问题。

1. 环境纠纷与案件受理不成正比。生态破坏与环境污染严重，环境纠纷日益增长，但法院审理的环境纠纷案件却不多，环境司法在化解环境纠纷方面的作用很小。

2. 即使环境纠纷进入了诉讼程序，法院也难以进行客观公正的审理。现实中，环境污染者往往是大型企业，是当地政府的重要税收来源，发生环境污染纠纷后，当地政府顾及其经济发展，经常充当污染企业的"保护伞"，干涉法院追究企业的环境污染责任，对该部分环境纠纷案件法院难以独立审理。

3. 由于我国法律对于环境违法与犯罪的处罚力度较轻，使得环境违法犯罪的成本很低，对于违法犯罪者起不到有效的震慑作用，环境司法在环境法治方面的作用很低。

（四）我国环境刑事司法问题的解决

由于环境污染与环境破坏造成的环境侵害很难与某一个污染行为建立一个完整的证据链，另外侵害行为与侵害后果有时在时间上相隔很远，致使环境民事侵权案件在实际生活中很少能够得到司法救济。对于环境污染与环境破坏行为更多是实施行政制裁或刑事制裁。相比西方的天价处罚（可以把违法企业罚到倾家荡产），我国对于污染企业的处罚就显得不痛不痒。所以，有的污染企业会肆无忌惮地排放污染物，甚至有人直接先交罚款后排放，而有的政府部门会以这些企业在给社会做贡献为由对污染行为大开绿灯。所以，要想有效震慑环境违法犯罪行为，首先需要在立法上加大环境违法犯罪成本，让企业不敢违法犯罪。其次，对行政官员政绩考核不单纯与GDP挂钩，使领导不再需要干扰司法，保护污染企业，以保护他的GDP，从而摘掉污染企业的保护伞。

第三节　环境司法改革

环境民事司法、环境行政司法和环境刑事司法是目前环境司法的三个方面，各自挂在传统司法体系当中，例如，环境民事司法属于民事司法的一部分，属于各自传统司法体系的一个内容。这种情况在司法实践当中存在着许多弊端，我们在前面已经总结了。为了解决这些问题，环境法学界已请司法领域专家学者做了大量工作，也总结了一些实践经验，提出了一些宝贵意见，其中，最多的是关于环境司法专门化的问题和环境司法公众参与的问题。关于公众参与的问题本书会在后面专章做论述，此处就环境司法专门化说明自己的看法。

一、环境法院的设立

有专家学者提出，针对环境案件专业性、技术性等特征，传统的司法体系对于环境案件的审理存在着诸多不利，应该把环境案件从传统的司法体系中分离出来进行审理。因此，建议设立环境法院。本书认为，无论从理论还是司法实践，建立环境法院不失为一个很好的选择，对于环境案件的审理，可以在环境法院再下设环境民事庭、环境行政庭和环境刑事庭，以利于解决环境诉讼问题。

二、环境法庭的设立

也有一些学者提出，构建环境法院改革规模过大，不易实现，不如在现有的司法体系下再分出一个环境庭，专门审理环境案件。看起来可行性很大，但是，实行起来问题就出来了。环境庭审理环境案件，是不是环境民事、环境行政和环境刑事都要审理呢？还是设立环境民事庭、环境行政庭和环境刑事庭呢? 如果是前面一种情况, 那么跟传统的司法体系下的模式又没什么区别了, 。如果是第二种情况, 还不如建立环境法院, 因为实质上跟建立专门法院没什么区别了。

所以, 本书认为, 要想真正有效解决环境司法问题, 建立专门环境法院是有必要的, 而且是可行的。

第六章　环境教育

第一节　环境教育概述

一、环境教育的兴起、内涵及价值

环境教育发端于20世纪60年代发达国家的"生态复兴运动"，随着几起重大的环境污染事件相继出现在世界各地，人们开始关注环境问题，一个重要的体现就是全世界都开始对国民进行环境教育。

1972年联合国在瑞典斯德哥尔摩召开的"人类环境大会"是环境教育发展史上的里程碑。会议上通过了《人类环境宣言》，正式将"环境教育"的名称确定下来。1975年在贝尔格莱德召开的国际环境教育研讨会上，环境教育得以正式确立。会议上通过的《贝尔格莱德宪章》中提出了全球规模环境教育的框架和基本理念，即环境教育的目标、目的、指导原则和对象。1977年世界第一次国际环境教育大会在第比利斯召开，使环境教育趋于成熟和完善。1992年联合国在巴西里约热内卢召开了环发大会，会上发布的《21世纪议程》强调，环境教育的重点在于促使人们树立可持续发展观念，提高有效参与的技能。一个在世界范围内普遍重视环境教育的热潮蓬勃兴起。

现代环境教育的内涵是通过深刻理解人与自然环境的关系，提高全体社会成员的环境意识，使人类社会的生产和发展模式符合可持续发展理念。

基于上述环境教育的基本内涵，环境教育的价值主要是普及环境科学知识，培养公民的环境道德和环境意识，遵守法律规范，进而提高优化、改造、调控和利用环境的能力。培养公民的环境意识是开展环境教育的基础，也是环境教育的核心价值。

二、我国环境教育的发展

我国的环境教育萌发于1973年的第一次全国环境保护工作会议。1992年，全国首届环境教育工作会议的召开是我国已初步形成了具有中国特色的环境教育体系的标志。1995年国家环保局制定的《中国环境保护21世纪议程》指出，环境保护是中国的一项基本国策，加强环境教育是贯彻环境保护基本国策的基础。该议程提出了"环境保护，教育为本"的基本理念。1996年，国家环保局、中宣部、国家教委联合颁布了《全国环境宣传教育行动纲要(1996—2010)》，为环境教育的全面普及提供了重要的法制保障。

目前我国的环境教育可以分成以下四个层次。第一层次是全民环境教育体系。这是一个面向全社会公民进行普及的宏观层次。在这个层次主要是通过政府的主导，进行环境基础知识的介绍和宣传。第二层次是专业培训体系和岗位培训。为提高在职环保人员和各级领导的环境素质，各级政府有关部门举办各种培训班。第三层次是中小学环境教育体系。国家教委在1992年制定了中小学义务教育各学科教学大纲，将教学要求和环境保护知识结合在一起，融入相关学科的教学内容之中。第四层次是高等环境教育体系。主要是培养为环境科学发展服务的专门研究人才。

第二节　我国环境教育立法构想

环境教育是指借助教育的手段，使人们认识和了解环境问题并获得相应的知识、技能，改变人们的行为规范，从而改变环境污染和进行环境治理。环境意识的推广重在教育，公众的环保意识不是宣传就能解决的，需要形成正规的教育制度，必须通过法律的强制力来推动环境教育体系的确立与发展。环境教育需要环境教育立法保障，环境教育的发展对环境教育立法提出了更高的要求。

目前，我国还没有环境教育的专门立法，只是在新环保法中有规定环境教育的内容，如新环境法第九条第一款规定：各级人民政府应当加强环境宣传和普及工作，鼓励基层群众性自治组织、社会组织、环境保护志愿者开展环境保护法律法规和环境保护知识的宣传，营造保护环境的良好风气；第九条第二款规定：教育行政部门、学校应当将环境保护知识纳入学校教育内容，培养学生的环境保护意识；第九条第三款规定：新闻媒体应当开展环境保护法律法规和环境保护知识的宣传，对环境违法行为进行舆论监督。其实在国外，一些国家已经制定了专门的环境教育法，我们可以借鉴国外一些国家的先进经验并结合我国现实情况，制定符合我国国情的专门的环境教育法。我国的环境教育立法可包括以下内容：

一、环境教育的基本模式

我国环境教育法的调整范围可划分为以下四个领域：

第一个领域是领导和管理层的环境教育，这应当成为我国环境教育的新领域。我国环境保护行政主导机制决定了对领导干部和管理层的环境教育尤其具有重要的意义，并通过环境教育逐步推行政府环境保护责任的新机制，例如绿色GDP、环境政绩考核等。第二领域是全民环境教育体系，这是环境教育的基础和宏观领域。第三个领域教育体系内的环境教育，这是环境教育的重点领域。第四个领域是企事业环境教育，这是环境教育的特殊领域。我国企业环境保护意识较低，应当通过立法对企业进行强制性的环境教育，并借此在企业中逐步推行企业环境责任的新理念，宣传并在条件成熟时实行环境审计、环境会计、环境统计等企事业考核的新机制。

二、环境教育的方式与方法

各国开展环境教育的重点对象首先在于大学生和未成年人，他们是未来环境保护工作的承担者；其次在于环保工作人员，他们工作在环境保护的第一线，他们的工作成效很大程度上决定着现阶段环境恶化能否得到控制以及环境法律和政策实施的好坏。因此，对这两类群体进行环境教育应采用特殊的方法和方式。

我国分别于2000年和2004年开始，针对未成年人开展"绿色社区"和"绿色学校"的参与式教育活动。绿色社区则试图在全国范围内建设包含节能、节水、绿色建筑、绿化的环保设施、垃圾分类和公民参与机制在内的社区。绿色学校是指用环境标准理念来评定校园设施和文化建设、课程设置、教学、学校管理的学校。和未成年人相比，大学生大多通过成立环保社团开展环保活动，目前大学生社团在我国两千多个非政府环保组织中占绝大多数。此外，结合环保工作人员的工作特点，对他们进行岗位培训时要突出环境保护的内容，采取的主要方式可以是学习班和专题讲座，重点学习环境治理技术、技能，环境保护法律法规。

三、政府对环境教育的扶持

环境教育是国民教育的组成部分，它的目的是通过培养公民的环境意识以最终解决全社会所共同面临的环境问题，环境教育离不开政府的大力扶持，环境教育也是政府的责任。所以，我国的环境教育法可以从以下几个方面来规定政府扶持的内容：

首先是环保计划。政府应当充分发挥自身的动员能力、组织能力和号召能力，针对不同群体制订不同的环境教育计划，在社会活动和学校教育活动中开展形式多样、行之有效的环境教育。

其次是财政扶持。政府应当从财政和税收上对有利于环境保护的教育活动给予支持。

最后是师资培训。政府应完善教育的评估体系和发展策略，着重培养具有深厚环境知识和健康环境意识的师资力量。

第三部分

非政府组织在生态文明建设中的作用

环境问题自古就有，在很长的一段时间里，对环境问题的认识只在一国之内，或是在一个地区内发生。20世纪中期以来，随着经济的高速发展，环境问题愈发严重，并呈现全球化的趋势。

全球生态环境作为一个整体，世界上任何一个国家在环境问题全球化的背景之下都不可能独善其身。环境问题不仅会造成重大的社会和经济损失，而且由于它在某些方面削弱乃至摧毁了人类社会赖以存在和发展的自然生态基础，因而也会对后代的生存发展造成巨大危害。当今世界，环境问题已经成为与国际安全、世界经济并列的第三大备受关注的国际问题。

面对持续恶化的全球环境，各种非政府组织（尤其是环境非政府组织）大量出现在环境保护领域，无论是在国内还是国际社会环境保护领域均发挥着巨大作用，如国际自然保护联盟、世界自然保护基金会、绿色和平组织等。《21世纪议程》指出："各种非政府组织和主要团体是执行《21世纪议程》的重要伙伴。"《21世纪议程》用了一整篇共11章的篇幅，专门论述了包括公众参与在内的环境民主问题，认为公众的广泛参与和社会团体的真正介入是实现可持续发展的重要条件之一。世界上许多国家均把公众参与确立为本国环境法的基本原则。

我国作为世界上最大的发展中国家，生态环境保护任务异常艰巨，对环境法制建设提出更高要求。胡锦涛同志在党的十七大报告中指出，要扩大人民民主，保证人民当家做主，保障人民的知情权、表达权、参与权、监督权。从各个领域、各个层次扩大公民有序政治参与，最广泛地组织和动员人民依法管理社会事务和国家事务，管理文化和经济事业；坚持依法治国基本方略，树立社会主义法治理念，大力推进我国社会主义民主法制建设。

公众参与原则作为我国环境法的一项基本原则，是指导公众和非政府组织推行环境法治、参与环境管理、提供环境协调与合作的指导原则，如何贯彻落实该原则是我国环境法治建设的关键。

第七章　非政府组织概述

第一节　非政府组织概念、特征及分类

一、非政府组织概念

虽说非政府组织在国际社会的作用日益显著,但在学术界对非政府组织的概念却没有一个统一的定义,比较典型的有"非政府组织"、"第三部门"、"非营利组织"、"民间组织"等。在国际上,非政府组织是在地方、国家或国际级别上组织起来的非赢利性的、自愿的公民组织。

中国的民间组织产生于改革开放初的社会转型期,其基础一方面是市场经济的逐步形成,另一方面是原有的全能国家体系的缓慢瓦解。这样的基础和社会背景造就了中国民间组织的一些特殊属性。对非政府组织的定义,国内外也有所不同。

1. 西方公共管理领域对非政府组织的定义

西方广泛流行的概念是"第三部门"(The Third Sector),是由美国学者莱维特最早提出的。他认为整个社会可分成三个部门,市场或营利组织是第一部门,政府机构为第二部门,相对于市场与政府之间存在着第三种社会力量,这种社会力量往往从事着企业与政府做不好或不愿意做的事情。于是,他将这类组织称之为第三部门。

2. 国际社会对非政府组织的定义

非政府组织一词最初是在1945年6月签订的《联合国宪章》第71款正式使用的。"非政府组织"是英文Non-Government Organization的意译，英文缩写NGO。联合国关于非政府组织的定义是：在地方、国家或国际级别上组织起来的非营利性的、自愿公民组织。1952年联合国经社理事会在其决议中将"非政府组织"定义为"凡不是根据政府间协议建立的国际组织都可被看作非政府组织"。联合国经社理事会在1996年的《联合国与非政府组织咨商关系决议》中规定：非政府组织是指符合联合国宪章精神的各种非政府组织，无论其是国家的、地方的、区域的或者是国际层面的，这些组织应该设有总部并配有行政人员，应有民主章程、代议机构、责任机制和对外能力。

此外，其他国际组织如世界卫生组织、世界银行、国际劳工组织等都在其法律文件中对非政府组织作出了界定。

3. 中国官方的定义

"民间组织"是中国官方使用的概念，它体现了政府希望政社分开的改革取向，强调非政府非官方性。但在我国，"民间组织"于上文提到的"非政府组织"并不完全等同，"民间组织"包括"民办非企业单位"和"社会团体"(简称"社团")两类社会组织。其中民办非企业单位是指企业事业单位、社会团体和其他力量以及公民个人利用非国有资产举办的，从事非营利性社会服务活动的社会组织。社会团体是指中国公民根据自愿组成，为实现会员共同意愿，按照其章程开展活动的非营利性社会组织。

4. 我国公共管理学对非政府组织的定义

"非营利组织"(Non-Profit Organization)是中国学者常用的概念，指在政府部门和以营利为目的的企业(市场部门)之外的一切志愿团体、社会组织或民间协会。非营利组织的称谓主要强调这类组织存在的目的不是为了营利，是从组织目标加以界定的。这些组织的集合就构成"非营利部门"，或者称"第三部门"。与市场部门、政府部门共同构成现代社会的三大支柱。

5. 环境法领域的定义

由于非政府组织在环境法领域的主体地位还没有真正确立, 对非政府组织的研究还很欠缺, 因此在环境法学界对非政府组织还没有一个确切的定义。我国国际环境法学者林灿铃先生给的定义是: 非政府间国际组织是指跨越国界的由不具有政治权利的个人、团体建立的跨国组织。他是从国际法角度下的定义, 所以, 这个定义有一定的局限性, 只包括了跨国组织, 没有包括国内非政府组织。

二、非政府组织特征

无论是国际上还是在国内, 不管如何定义非政府组织, 概括讲, 非政府组织应具有以下一些特征:

1. 非政府性

这一点强调了非政府组织的最为重要的特征, 即非政府性。它强调非政府组织在社会功能上有着与政府类似的公共管理职能的同时, 是与政府组织体系完全不同的社会组织。政府机构、政府的附属机构或政府控制下的社会组织, 以及政府间的国际组织都不是非政府组织。非政府性包括三层含义: 非政府组织在组织和体制上独立于政府之外, 并不隶属于行政体系和国家政治; 非政府组织在承担公共责任和提供公共服务上区别于政府; 非政府组织的产生是以社会旨趣为基础, 而不是以国家职能为基础。

2. 非营利性

非营利性是非政府组织的又一重要特征, 即不以营利为目的。组织的存在目的不是创造利润或者积累财富, 而是实现社会的公共利益。非营利性包括三层含义: 非政府组织的财产基础是基于捐赠的公益产权, 资产和产生的利润不得以任何形式转变为私人财产, 要有明确的公益性和互益性的宗旨。

3. 自治性

除非政府性、非营利性之外,自治性也是非政府组织的重要特性之一。自治性是指:非政府组织作为独立的自治组织,在决策、财务、人事等方面不依附于其他任何社会组织,具有独立的决策及其行使能力,能够进行有效的自我管理,是公民实现自组织的社会机制。非政府组织的自治性体现了其独立于企业、独立于政府的社会性格,是构成公民社会自治的基础。在决策、人事和财务三方面,财务的独立性对于非政府组织的自治尤为重要。

4. 组织性

组织性是指一定的组织形式。在一些国家,组织性表现为"合法性",即只有进行合法登记才能被认可,我国的情况即如此;在另外一些国家表现为"正式性",即只要合乎某些标准,即使不登记注册也同样受到法律的保护。

5. 社会公益性

非政府组织的活动主要是致力于一些社会公益性事业,是为社会大众谋利益的组织,而不是为本组织成员服务的。

6. 非政党性

非政府组织应该是不谋求政治权力的社会组织,不介入政治权力斗争。

7. 志愿性

非政府组织的人员组成带有志愿性质。非政府组织的一个首要的组织原则,凡是参加者都愿意效力于解决该组织所针对的某些特定的社会性问题,如环境保护等。

三、参与环境保护的非政府组织种类

参与环境保护的非政府组织种类很多,其中作用最大、数量最多的要数环境非政府组织,另外还有一些行业协会和学术团体。

1. 环境非政府组织

环境非政府组织是全球非政府组织体系的重要组成部分，是指那些围绕着生态环境的保护与治理开展活动的非政府组织。根据其活动的范围，可分为国际环境非政府组织（如世界自然保护联盟、绿色和平组织等）、区域性环境非政府组织（如南亚和东南亚地区的亚洲农业改革与农村发展非政府组织联盟、印度尼西亚的非政府组织国际论坛等）和国内环境非政府组织（如美国的大自然保护协会、中国的地球之友等）。

2. 行业协会

有些行业协会最早是没有涉足环境保护领域的，但随着全球环境保护的浪潮，加上自身的活动与发展同环境相关，从而把环境保护也纳入到自己的活动范畴。国际上比较著名的此类组织如国际奥林匹克运动委员会、国际红十字会及国际标准化组织。

3. 学术团体

一些学术团体对全球环境保护也提出了自己的独特主张，构成了环境保护非政府组织中自成体系的一类。其中最引人注目的是一些国际法学术团体。这些学术团体在对国际法规则进行研究、解释的同时，也促进了国际环境法的编纂和发展。其中以国际法协会和国际法研究院最负盛名。

第二节　非政府组织参与环境保护的历史沿革

1. 第一阶段：19世纪50年代—20世纪20年代

18世纪60年代，英国发起了工业革命。到了19世纪中期，英国发展成为的"世界工厂"。城市化、工业化的飞速发展，煤炭燃烧量和采掘量的激增，英国各大城市处于被浓厚的悬浮状烟尘笼罩的状态，而随后兴起的化学工业又产生了新的环境问题。但此时环境问题仅被视之为工程问题而非社会政治问题。英国政府奉行的是自由放任主义,他们认为,自由市场是一个万能的有效的市场,环境问题应该由市场自行调节,市场也能够调节。"政府应予优先考虑的事项是允许市场无约束地发挥功能,而不是健康的管理或环境保护"。在此理论的指导下,英国政府对环境问题的反应极为冷漠,最终导致英国环境的急剧恶化。

19世纪后期,英国出现了一股强大的反对工业文明的文化运动,他们要求保护野生动物和乡村建筑。此时许多社会精英为了保护环境走到了一起,形成了自己的技术结构和心理结构,确定了共同的目标,开始组建了各种致力于环境保护的非政府组织。公共用地及乡间小路保护协会(the Commons, Open Spaces and Footpaths Preservation Soeiety)就是在这种背景下成立的,也是世界上第一个民间环保团体。1867年组建的东区保护海鸟协会是世界上第一个野生动物保护团体。

第一次世界大战后,英国政府开始加强了对社会和经济的管理,但由于政府主要忙于外交事务和处理较大危机,对环境问题采取了给予一些环境非政府组织以准官方地位的方法,借助它们进行管理。例如,1907年议会通过了一项法令,要求国家信托社"为了国家的利益"承担起"永久性"保管一些人文财产的任务;同年7月,鸟类保护协会也获得了政府颁发的许可证,成为保护鸟类的"皇家社群组织"。

从这一时期我们可以看到,在英国的非政府组织,不但得到了官方的认可,还以准官方身份承担起环境管理的任务。

2. 第二阶段:20世纪30年代—20世纪50年代

20世纪中叶,环境问题已经成为威胁人类生存发展的重大问题之一,尤其是著名的"八大公害事件"(1930年比利时马斯河谷大气污染事件、1948年美国多诺拉镇烟雾事件、20世纪40年代美国洛杉矾光化学烟雾事件、1952年伦敦烟雾事件、1961年日本四日市哮喘病事件、20世纪60年代日本水俣病事件、1955年—1972年日本痛之病事件、1958年日本米糠油事件)，造成了人们对环境影响人类生存发展的危机感。公众为了自身的健康，纷纷掀起了反公害运动，成千上万的人走上街头，抗议、示威、游行，要求政府采取强有力措施解决环境问题。

许多国家的政府迫于群众性环境保护运动的压力，不得不直接干预环境治理，制订和施行控制污染、保护环境的法律，设立国家级的环境管理机构。但是在经济利益的驱使下，国际环境并没有得到实质性的好转。在企业与政府控制污染、保护环境不利的形势下，大量的非政府组织出现在环境保护领域，扮演着相当重要的角色。

3. 第三阶段：20世纪末至今

20世纪90年代，环境保护组织已经形成为一股不可忽视的力量。在世界许多国家，他们要求在在商业界进行绿色贸易和绿色消费、工业界进行清洁生产。1990年4月22日，全球141个国家的两亿多人同时举行了声势浩大的纪念"地球日"活动，发出了"为了孩子而保护环境"的呼声，并成立了"地球日国际组织"。

20世纪末期以来，非政府组织作为国际环保事业的倡导者与重要参与者，在国际舞台上更加引人瞩目，对国际环境保护事业的发展起到了独特的、不可替代的作用。除了大量的环保非政府组织以外，有许多其他领域的非政府组织也加入到环境资源保护中来，利用自身的优势，发挥着独特的作用。

第八章 非政府组织在环境保护中的作用

公众参与制度是符合环境管理特点的制度，在国际社会和各国的环境法理论与实践中具有十分重要的地位。许多国际法文件如《21世纪议程》、《公民及政治权利公约》、《环境与发展宣言》、《发展权宣言》、《世界人权宣言》等都为公众参与环境保护提供了国际法依据，公众参与作为实现可持续发展的重要条件之一已成为当今国际社会的广泛共识。许多国家的环境法也对公众参与作了明确的规定。通过非政府组织参与环境保护是实现公众参与环境保护的重要途径之一。

第一节 非政府组织在国际环境保护中的作用

由于全球环境的持续恶化，单靠一个或几个国家已无法解决全球环境问题，大量的环境非政府组织的出现，促进了国际环境法的产生与发展。

1. 影响国际环境政策的制定与实施

国家作为国际环境法的重要主体在国际环境保护中起着至关重要的作用，直接影响着国际环境保护的成败。随着世界经济一体化与国际政治多极化进程的发展，大量的国际机构与跨国公司等国际行为体对国际环境产生着诸多影响。因此,非政府组织通过影响国家、国际机构和跨国公司等国际行为体的行为和决策,进而影响全球环境政策,从而达到保护环境的目的。

(1)作用于国家环境保护政策

国家是国际环境法的重要主体,通过缔结条约或形成国际习惯来创立有关改善、保护和利用环境的制度、规则和原则。一个国家的环境政策决定着这个国家在国际环境法律关系中的立场,国家决定非政府组织和个人参与国际环境事务的地位和资格。

在环境保护的实践过程中,政府制定一个国家的环境政策。由于政府往往着眼于短期的经济利益,当面临为保护环境而增加工业生产的成本时,更倾向于经济发展。因此非政府组织不得不施展游说策略给政府施加压力,促使国家改变环境与经济政策。

许多国家的实践证明,发展建立非政府组织,是保护环境的一种好的组织形式和有效途径。目前,几乎所有的工业发达国家和发展中国家都有许多环境非政府组织,许多重大的环境保护运动和环境保护工作都离不开非政府组织的参与,它们的活动和声音几乎遍布环境和发展的各个角落。它们在环境保护领域的作用和影响越来越大,已经成为一个国家环境保护事业兴旺发达的标志。对国家而言,各级政府支持和依靠非政府组织开展环境保护工作,不但有利于政府集中主要力量处理重点环境问题,节省政府的人力、物力和财力,而且有利于发动和依靠公众保护和改善环境,有利于加快环境保护事业的发展。

(2)作用于国际组织

国际组织指的是国家间或政府间组织,是一类特殊的国际环境法主体,它们能够独立地参加国际环境关系,在国际环境保护事业中发挥着不可替代的作用。因此,非政府组织采用多种方式促使它们调整环境政策。这些组织包括联合国、世界贸易组织和世界银行等。

联合国是当今世界上唯一具有最广泛代表性的国际组织。它所独有的广泛代表性使它成为协调各国有关环境问题的意志、讨论全球环境保护事务的最佳场所。联合国共有六个主要机关：联合国大会、联合国安全理事会、联合国秘书处、经济与社会理事会、托管理事会、国际法院。这六个机关中除联合国秘书处以外，其余五个都不同程度以不同方式直接参与国际环境法的实践。

1972年联合国人类环境会议在瑞典斯德哥尔摩举行，是国际环境法发展史上的第一个里程碑。在这次会议的推动下，国际环境法在其后的20年里有了巨大的发展。在这一时期出现的重要"软法"文件中，很多都是以非政府组织提出的文本为基础的。

1992年，联合国环境与发展大会在巴西里约热内卢举行，183个国家的代表(其中包括102位国家元首和政府首脑)和1500个非政府组织的19400名代表共同参加了会议。大会期间，约17000人出席了与环发大会同一主旨的非政府组织全球论坛。在这个所谓的"影子会议"上，非政府组织内部谈判出30多个"条约"来给政府施加压力，大会的最后文件也吸收和接纳了环保非政府组织的许多主张、建议和思想。

2002年联合国环境与发展大会在南非约翰内斯堡举行，来自3062个非政府组织的代表和包括104位国家元首和政府首脑在内的192个国家的1.7万名代表共6.5万人出席了会议。非政府组织将水处理和水资源保护政策、能源、食品、企业责任、农业和对南方国家的援助等议题提交给会议讨论，并与会议同时举行了非政府组织论坛。会议通过了政府、企业、非政府组织三方互相合作的伙伴关系计划。联合国与非政府组织的关系已经从参与经社理事会的部分会议，扩大到组织非政府组织论坛，与联合国召开的政府间会议并行，实际上已成为联合国会议的一部分。

总而言之，联合国环发大会将环境日程列入国际议程中心具有重要意义，而非政府组织通过它们积极的参与，成为了这一制度化过程中的一个重要组成部分。

（3）作用于跨国公司

商业公司对资源的滥用是发展中国家环境恶化的原因之一。尽管非政府组织没有与跨国公司匹敌的财政基础，但非政府组织通过开展运动，提高公众对这些商业机构造成环境恶果的认识，从而达到影响经济财团的目的。如环境非政府组织号召公众抵制商业公司制造对环境造成不良影响的产品等。

（4）作用于行业组织，如国际奥委会

国际奥委会是全球最大、最具影响力的体育组织，旨在建立一个"和平而更加美好的世界"，但随着奥运会规模的扩大，奥林匹克运动的发展与环境保护之间产生了冲突。随着环保非政府组织的介入，国际奥委会的政策发生了转变。

1972年，美国的丹佛市迫于当地生态组织的压力，不得不放弃举办第12届冬奥会。出于同样的原因，1974年加拿大的温哥华撤回了举办第13届冬奥会的申请。这些事件使国际奥委会意识到体育运动可能对环境造成的危害，并由此制约奥林匹克运动的发展，从而对环境与奥运的关系形成新的认识。在1991年对奥运宪章进行修改时，国际奥委会在宪章中增补一款新的规定，指出应努力使奥运会在确保环境问题受到认真关心的条件下进行，提出争办奥运会的所有城市从2000年起必须提交一项环保计划。这是环保条款第一次写进奥林匹克宪章，虽说对环保工作没有提出具体要求，但在奥林匹克运动发展史上已具有划时代的意义，树立了良好的生态保护形象，也为环保非政府组织与国际奥委会的合作打下了良好的基础。1996年以统一为主旨的百年奥运大会在巴黎召开，会议讨论的主题之一就是体育与环境。大会结束时，除了在会议总结中包括环保措施外，与会的成员还要求在《奥林匹克宪章》中加入环保条款，来强调环保的重要性。从此，促进可持续发展成为奥林匹克运动的根本目标之一。

国际奥委会在环保非政府组织的影响下制定一系列的环境政策后，又与环保非政府组织一起对奥运会举办国发挥着作用，北京"绿色奥运"就是最好的证明。

2. 作用于国际环境立法

非政府组织的参与不仅能加强国际环境立法的公正性，还能提高国际环境立法的质量。

不管政府的体制是怎样的，政府官员必须承认，那些影响公民生活的决策应该允许非政府组织的参与。不管政策和法律的制定者如何精明能干，他们的创造能力和专业经验都有一定的局限性，非政府组织参与能给决策者们带来他们自身很难获得的信息、数据、判断、观点和前景分析，从而最终提高决策的水平，因为非政府组织特别是环境非政府组织集中和专注于环境事务，拥有环境领域内优秀的专家。非政府组织通过参与国际谈判、参加国际环境会议、组织非政府组织论坛、参加环境条约的拟订等各种方式，促进了国际环境法的编纂和发展。

20世纪90年代以来，联合国主持召开的每次世界性环境会议都有非政府组织的广泛参与。在环境条约和环境问题的国际谈判过程中，从确定问题、议定目标及日程、提供专家意见、提出有关规则和有关信息、进行游说等各方面一直到缔结环境条约，非政府组织都发挥重大作用，有时甚至作为国家的代表参加环境条约的准备工作。

1979年，由世界气象组织召开的第一届世界气候大会上，各国政府代表和科学家对以地球大气层迅速变暖为特征的气候变化予以高度重视。1990年10月，第二届世界气候大会在日内瓦举行。会议审查并接受了政府间气候变化专家组的第一次气候变化评估报告，会议设立了有关农业、水、海洋、粮食等问题的18个专家工作组，有747名科学家和技术专家参加了非政府的科学小组会。专家组发表声明强调气候变化的风险。1995年2月，由116个国家的政府代表、13个政府间组织代表和25个非政府组织代表共同出席的政府间气候变化专家组第11次会议批准了政府间气候专家组第二次气候变化评估报告。在公约的谈判过程中，有70多个非政府组织参加了谈判，经过激烈的谈判，终于通过了具有里程碑意义的《京都议定书》。

3. 作用于国际环境法的实施

国际环境法的实施是指国际环境法主体行使其由国际环境法赋予或承认的有关利用、保护和改善环境的权利并履行其依国际环境法承担的关于利用、保护和改善环境的义务的活动，包括国际执行、国内实施和国际环境管制手段等。

（1）国际执行

国际执行指的是国际环境法主体通过具有管辖权的国际司法机构或国际组织的裁判程序迫使违反国际环境义务的国家或缔约方履行其国际环境义务或从该国或该缔约方取得赔偿的活动。由于国际环境法的主体是国家和国际组织，非政府组织并不是国际环境法的主体，所以，非政府组织在国际执行中的作用体现在监督和督促国家与国际组织的国际环境义务的履行。非政府组织参与审议和监督环境条约的实施和执行，敦促有关国家执行条约或对其作相应修改和调整。

比如参加1992年《联合国气候变化框架公约》的缔约方大会，回顾和审议条约的实施进展情况，非政府组织比较注意利用其在国际组织中的合法地位和国际组织的程序，促进国际环境条约的实施。

（2）国内实施

环境条约一般都要求缔约国在其国内采取措施履行条约,例如1989年《巴塞尔公约》第4条规定"各缔约国应采取适当的法律、行政和其他措施,以期实施本公约的各项规定,包括采取措施以防止和惩办违反本公约的行为"。非政府组织就与缔约国合作,督促和协助缔约国履行义务。世界自然保护联盟与当时的中国国家环保总局就签署了合作备忘录,并且自2001年开始,在生态保护、生物安全和生物多样性等领域,与中国国家环保总局、外交部、农业部、建设部、国家海洋局、国家林业局等部门展开合作,以帮助中国执行《生物多样性公约》,保护中国生态环境和生物多样性。到目前为止,世界自然保护联盟已经帮助75个国家制定和实施了国家自然保护和生物多样性计划。

(3)国际环境管制手段

国际环境管制手段指的是国际社会采用的、由国际环境法规定的、调整国际环境法律关系的各种具体措施。国际环境管制手段可以被分为间接管制手段、直接管制手段和其他管制手段三大类。直接管制是目前国际环境法的主要实施手段,主要有环境影响评价、环境标准、综合污染控制和关于报告与情报交流四种。在这四种手段当中,包含了大量的技术因素,而在国内外的非政府组织中聚集了许多环境方面的专家与学者,非政府组织的发起人或组织者及其精英骨干也往往都是环境及其相关领域的专家,对于环境问题,他们能够做出最权威、最专业的评价与分析。因此非政府组织在直接管制手段中的作用比较突出。

4. 作用于国际环境诉讼

因为非政府组织不是国际环境诉讼主体,所以一般是作为国际法庭的法律顾问提供专业咨询意见或作为起诉方的环境顾问在国际诉讼过程中发挥着重要的作用。非政府组织有时参与政府间国际组织的争端解决过程,对与环境有关的国际争端的解决施加影响。

按照传统的国际法理论，非政府组织并不是国际法的主体，这就意味着非政府组织不能够以当事人的身份直接参加到有关争端的程序中去，致使非政府组织在国际环境诉讼中的作用受到限制。

5. 作用于国际环境教育

环境教育是世界各国环境保护的重要内容之一，环境教育的对象包括国家、国际组织及社会公众等。非政府组织有一种强大的感染力，从各种层面发挥影响，提高公众的环境意识，达到环境保护的目的。

绿色和平组织将自己作为环境卫士的形象深深根植于世界各个角落，绿色和平组织以各种方式告知公众环境的严峻形势。绿色和平组织拥有自己的媒介网络工具，它给报纸提供大量图片，能为88个国家的电台提供录像节目，总的目的是利用国际大众传媒揭露反生态的行为，从而改变观众对环境的看法和认识。

国际奥委会充分利用体育的教育功能，积极作用于全球环境教育。奥林匹克运动是当今世界参与性最强、普及程度最广的文化形态，具有广泛的社会号召力和良好的社会形象，因此，它在环保方面的作用很大。

6. 作用于国际合作

合作原则是国际环境法的基本原则。国际法委员会《关于预防危险活动的越境损害的条款草案案文》第4条规定："当事国应依善意合作，并于必要时要求一个或多个有关国际组织提供协助，以预防重大越境损害或随时尽量减少这种危险。"根据国际委员会的解释，确定该项义务的直接法律背景是《斯德哥尔摩宣言》原则第24条和《里约宣言》原则第7条都承认，国家之间的有效合作是保护人类环境的重要手段。国际法委员会在条文草案中强调了必要时求助于国际组织的情况。"必要时"这一措辞表明了求助于国际组织属于软法则的范畴，具体什么情况属于"必要时"属于国家自由裁量的范围。

强调这一点的意义在于, 国际组织通常针对特定问题能够提供专业的帮助。

按照传统的国际法原理, 非政府组织并不是国际法主体, 那么在合作原则当中的国际组织并不包括非政府组织。但是, 在国际环境保护实践中, 非政府组织与国家、国际组织合作致力于环境保护的例子屡见不鲜, 尤其是国际非政府组织与发展中国家的合作。20世纪90年代以来, 大量的非政府组织进入中国, 与中国政府或本土非政府组织展开合作, 具体表现为:

（1）环境教育

国际非政府组织通过环保项目和大量的宣传教育活动, 推动了中国民众环境意识的建立。另外还以其示范效应促进了志愿精神在中国的发展, 使中国民众学习到了与中国传统文化不同的西方国家与社会的理念。

（2）提供资金

国际非政府组织为中国的环保事业注入了大量资金, 其中相当一部分是对相关的研究、管理、宣传、项目执行等活动的直接资金赞助, 有时还会以实物的形式向中国提供援助, 比如提供环保设备、执行公务所需装备等。

（3）建立国际网络

国际非政府组织在介入中国环保事务的同时, 也将他们的国际合作伙伴和国际网络带到了中国, 成为中国联系国际环保界的一扇窗口, 也为中国提供了正式官方交往以外的、非正式的、更加灵活的国际交往机会和沟通平台。

（4）加强中方"软力量"

国际非政府组织加强了中方的"软力量", 这首先体现在这些组织凭借自身的专业性和与国际学术界的密切联系, 将西方国家先进的研究方法、科研成果和环保技术引进到了中国, 这对于在局部范围内改善中国环境起到了十分关键的作用。另外，在环保管理制度、体系上的超前意识和丰富的国际经验也为中国环保界提供了先进的理念和思路。

（5）督促政府履行国际公约

世界自然保护联盟与中国国家环保总局签署了合作备忘录，并且自2001年开始，在生物多样性、生物安全和生态保护等领域，与中国国家环保总局、外交部、国家林业局、农业部、建设部、国家海洋局等部门展开合作，以帮助中国执行《生物多样性公约》，保护中国生物多样性和生态环境。

（6）加强合作

在与国际非政府组织合作的实践过程中，在中方单位内部，从国家部委到基层建立一批国际合作的专业机构，锻炼出一批既拥有环保领域专业知识，又熟悉国际运作规则，具有丰富国际合作项目执行经验，了解西方文化的专家型管理人才，为中国今后持续开展国际环保合作储备了人才资源和知识。更为重要的是，这支队伍很自然地把自己在实践过程中学习到的西方规则、经验引入中国本土的环保工作中，使中方自身的工作更加科学合理，少走了很多弯路。

总之，国际非政府组织在中国环保事务中是传播环保知识、环保理念和唤醒中国公众公民意识者，是公民文化的传播者、环境事务引起广泛关注的宣传者，是中国环保事业与国际联络的窗口和桥梁，是中国政府及其各环保相关机构与国际社会交流的联络平台。

第二节　我国环境保护中非政府组织的作用

一、我国非政府组织的发展状况

我国的法律对非政府组织参与环境保护作了明确规定。我国

《宪法》规定："人民依照法律规定,通过各种途径和形式,管理国家事务,管理经济和文化事业,管理社会事务。"这是我国实行环境民主原则和公众参与环境管理的宪法根据。《国务院关于环境保护若干问题的决定》(1996年)中规定："建立公众参与机制,发挥社会团体的作用,鼓励公众参与环境保护工作,检举和揭发各种违反环境保护法律法规的行为。"《中国21世纪议程》明确指出："公众、团体和组织的参与方式和参与程度,将决定可持续发展目标实现的进程。"2014年新《环境保护法》第五十八条第一款规定:"对污染环境、破坏生态,损害社会公共利益的行为,符合下列条件的社会组织可以向人民法院提起诉讼。"

我国的非政府组织活动主要表现在以下几个方面:

1. 开展环境保护科学技术的研究工作

一批学会、研究会等科研机构在开展这方面的活动。它们集中了一大批学术领域的权威和精英,通过开展相关学科和技术的研究及其开发和应用,积极推动环境保护科学和技术的发展。

2. 开展保护自然生态环境的专项活动

很多环保的非政府组织都在开展各种形式的活动,包括植树绿化、水质净化、大气污染的控制和处理、沙漠化防治、水土流失问题的治理、社区环境保护、资源再利用等。

3. 开展保护生物多样性的各种活动

保护世界生物多样性,减少野生动物交易,救助陷于危机中的动物,保护动物栖息地。

4. 资助环境保护项目

一批热心环境保护和可持续发展的中国有关环保的基金会等参与这方面的活动,包括为环境保护活动提供资源、设备、技术等方面的资助或援助。

5. 推动环境保护领域的公共参与活动

一方面，环保非政府组织通过定期组织植树、观鸟等活动让公众走近自然，了解自然，从而激发他们的环保激情；另一方面，通过组织公众参与绿色社区建设、垃圾分类等活动，鼓励人们从小事做起、从身边做起。

6. 对环境污染受害者进行援助

随着环境污染问题的发展和环境公害的产生，污染受害者作为一个特殊的弱势群体受到了关注。环保非政府组织为污染受害者提供法律咨询和法律援助，另外还通过动员社会资源，以募捐、义卖等形式为污染受害者提供援助。

7. 推广环境保护产品以及业界联合等活动

由一批活跃在环境保护领域的商会、行业协会开展这方面的活动，包括推动环保产品的研制、生产、流通、消费等活动，如无氟电器、再生纸制品等产品已经广为流通。

8. 参与全球范围内的环保交流活动

通过举办各种形式的研讨会、经验交流会、座谈会等开展交流活动，在2002年10月举办的GEF第二届成员国大会上，有40多家环保NGO参加了中国非政府组织研讨会。此外，许多环保非政府组织都在以各种形式开展国际交流活动，一方面积极争取来自国际社会的信息、资金、设备、技术等支持，另一方面派出人员参与有关培训。

从以上八个方面可以看出，我国非政府组织的作用最为集中在环境教育、生态保护等领域，与西方发达国家的非政府组织的作用相比，在环境政策的制定与实施、环境立法、环境监督等方面的作用还是存在很大差距，表明我国非政府组织在环境保护中的作用还很有限。

二、影响我国非政府组织作用发挥的因素

非政府组织在世界范围内的发展并不均衡，我国的非政府组织

作用有限是由多方面因素造成的，只有对各方面因素进行综合分析，挖掘深层次的原因，结合我国的实际情况，才能找到解决问题的办法。

1. 非政府组织的自身因素

在现代管理体制下，为了保证非政府组织应有作用的充分发挥，必须对其行为进行约束和监管，除了法律的、行政的、经济的以外，需要非政府组织内在自律。西方的非政府组织发展较早，内部的财务管理和人力资源管理都优于我国的非政府组织，因此它的参与能力更强。我国的非政府组织由于自身建设不完善，有时会出现依赖西方非政府组织的情况（主要是资金方面），因此它的诉求会受西方非政府组织的影响，造成政府的不信任而影响其作用的发挥。

2. 资金的因素

环境保护需要技术支持和资金支持，非政府组织的运作同样需要资金，没有资金，非政府组织就无法生存和工作。由于非政府组织是非营利组织，自身没有造血功能，组织的运作需要外界的资助，所以，资金的来源有时会影响非政府组织的立场，使其丧失独立性，进而影响非政府组织的作用。我国的非政府组织的资金很多是靠政府支持或靠西方非政府组织的支持，所以自主性较差，进而影响其作用的发挥。

3. 公众的因素

非政府组织作为公众的代言人，应该与公众的意思保持一致。但当公众在环境保护与经济利益之间选择经济利益的时候，非政府组织就会失去公众的支持。如果非政府组织的自身建设出了问题，例如出现财务混乱等，致使其公信力下降，同样会失去公众的支持。我国现在依然处在社会主义初级阶段，有些地区经济上还不发达，还在为解决温饱而努力，人们考虑的不只有环境问题，更多的是生存问题。而非政府组织更多考虑的是环境保护，与当地民众的关注不一致,也是其环保效果不佳的原因之一。

4. 法律因素

非政府组织的环境法律地位的确立,是非政府组织参与环境保护的保障。我国《社团组织管理条例》规定了非政府组织成立的法律条件,虽说在法律上提供了保护,同时有的限定条件也制约了我国非政府组织的发展。

5. 国外非政府组织作用的负面影响

我们知道,非政府组织参与环境保护,尤其是那些强大的国际环境非政府组织,他们代表发达国家或某些社会特定阶层的利益,他们片面强调环境保护,忽视经济发展和发展中国家的发展需求,对发展中国家的社会利益和国家主权构成威胁;他们还借助强大的经济实力资助发展中国家内部的非政府组织,通过这些国内非政府组织的活动达到自己的目的,致使国家或政府处于国家安全考虑而限制非政府组织的生存与活动,这些也影响了非政府组织作用的发挥。

三、发挥我国非政府组织环保作用对策

要想发挥非政府组织的环境保护作用,应该从以下几点着手:

(一)健全环境法制,为非政府组织参与环保提供保障

我国新民诉法和新环境法都规定了公益诉讼制度,但由于对公益诉讼主体资格的限制,使得非政府组织的作用无法最大限度地发挥。所以,在今后的立法中,可以适当放开非政府组织的生存空间,以利于非政府组织的生存和发展。

(二)加强我国非政府组织建设,提高参与能力,明确自身发展方向

我国的非政府组织与国外的非政府组织的产生背景不同,生存环境不同,国家对它的要求与国外的也有差别。因此,我国非政府组

织应在发展自身的基础上，结合我国国情，确定自身发展方向。

1. 加强非政府组织的自身建设，增强参与能力

非政府组织应该注意培养自己的环保精英，尽可能吸收一些著名专家、学者，提高参与政府决策的科学性，增加参与政府决策的可能性；完善自身的管理，健全非政府组织内部管理制度，只有不断地强化自己，才有可能得到政府、企业、合作伙伴和公众的信任，才能使环保工作更有成效。

2. 加强与西方非政府组织的合作

我国经济还不发达，工业技术落后，这是造成我国环境恶化的根本原因。西方社会为了打压我国政府，实行技术封锁，建立绿色壁垒。我国非政府组织可以走民间渠道，加强与西方非政府组织的合作，把吸引外资、引进技术作为与西方非政府组织合作的主要内容。

3. 关注弱势群体，加强环境教育

公众是非政府组织的生存基础，是非政府组织的组成细胞。为社会上的弱势群体提供帮助，是非政府组织的作用之一。因为公众是环境污染直接的受害者，可以加强对公众的环境教育，让他们增加环境知识，培养关注环境热情，共同参与环境保护；非政府组织可以在经济上帮助受害者，减小他们的经济压力，使他们摆脱生活困境；非政府组织可以利用他们的专业知识，替受害者维权。

4. 加强与企业、行业协会的合作

因为企业是环境问题的第一制造者，加强与企业的合作，督促企业关注环境，寻求企业持续发展途径，这样可以从源头上解决环境问题。非政府组织可以帮助企业进行咨询，改进工艺技术；或是调研绿色产品市场，为企业提供商业信息；或是为企业设计绿色产品营销策略，引导企业的可持续发展。对企业来说，与非政府组织合作，可以赢得公众的认同，起到一种广告效应。对非政府组织来说，可以获得一定的资助，便于更好地开展工作。这种合作是双赢的。与

行业协会合作可以加强对行业协会成员的管理,缓解政府的管理压力。北京奥运会就是企业、行业协会、环境非政府组织和政府合作的效果的最好证明。

5. 积极参与国际环境保护事务

我国的非政府组织应该积极参与国际环境保护事务,特别是参与有关国际环境公约的缔结和履行。非政府组织虽然不是国际环境法的主体,不能成为公约和条约的权利义务的享有者和承担者,但是在推动国际条约的缔约和履行方面具有积极的作用。我国非政府组织在现有的国际环境条约公约的缔结和履行中一直处于弱势,对国际环境事务具有较少的发言权。随着中国环保非政府组织数量、能力的不断发展,中国非政府组织应当根据有关国际法的规定,积极参与国际环境事务,特别是参与有关国际环境公约的缔结和履行,弥补中国政府在维护国家环境利益上的不足。

参考文献

[1] 佛郎索. 全国体育学院教材委员会. 奥林匹克运动 [M]. 北京: 人民出版社, 1993.

[2] 高中华.环境问题抉择论——生态文明时代的理性思考 [M].北京: 社会科学文献出版社, 2004.

[3] 王名, 刘培峰.民间组织通论 [M].北京: 时事出版社, 2004.

[4] 黄明健.环境法制度论 [M].北京: 中国环境科学出版社, 2004.

[5] 邵沙平. 国际法问题专论 [M]. 武昌: 武汉大学出版社, 2002.

[6] 蔡守秋. 环境政策法律问题研究 [M]. 武汉: 武汉大学出版社, 1999.

[7] 王曦. 国际环境法 [M]. 北京: 法律出版社, 1998.

[8] 蔡守秋. 环境资源法学教程 [M]. 武汉: 武汉大学出版社, 2000.

[9] 金瑞林. 环境与资源保护法学 [M]. 北京: 高等教育出版社, 1999.

[10] 赵建文.国际法新论 [M].北京: 法律出版社, 2000.

[11] 黄锡生, 李希昆.环境与资源保护法学 [M].重庆: 重庆大学出版社, 2002,

[12] 王曦. 美国环境法概论 [M]. 武汉: 武汉大学出版社, 1992.

[13] 李希昆, 陆志明. 行政法与行政诉讼法 [M].重庆: 重庆大学出版社, 2002

[14] 郇庆治.欧洲绿党研究 [M].济南: 山东人民出版社, 2000.

［15］周珂. 环境与资源保护法［M］.北京: 中国人民大学出版社,
2014年.

［16］林灿铃. 国际环境法 ［M］.北京: 人民出版社, 2004.

［17］姬振海. 生态文明论［M］. 北京: 人民出版社, 2007.

［18］王铁崖. 国际法 ［M］.北京: 法律出版社, 1995.

［19］周珂. 生态环境法论 ［M］.北京: 法律出版社, 2001.

［20］全国体育院校教材委员会. 奥林匹克运动 ［M］.北京: 人民体
育出版社, 2005.

［21］翁锡全. 体育·环境·健康 ［M］.北京: 人民体育出版社, 2004.

［22］吕忠梅. 环境法新视野［M］.北京: 中国政法大学出版社, 2000.

［23］李峰.试论英国的环境非政府组织 ［J］.学术论坛, 2003, 6.

［24］陈泉生.环境时代宪法的权利生态化特征［J］.现代法学,
2003, 2.

［25］何艳梅.非政府组织与国际环境法的发展［J］.环境保护,
2002.12.

［26］胡为雄.非政府组织: 一种新的上层建筑形式［J］.现代哲学,
2002, 2.

［27］黄志雄. 非政府组织: 国际法律秩序中的第三种力量［J］. 法学
研究, 2003, 4.

［28］兰华, 袁冲.非政府组织与全球化［J］.山东社会科学, 2004, 4.

［29］郑树新. 论绿色思想与绿色奥运［J］. 首都体育学院学报,
2002, 4.

［30］金太军.第三部门与公共管理［J］.公共行政, 2003, 1.

［31］李景鹏.关于非政府组织若干问题的探索［J］.新视野, 2003, 1.

［32］冯亮. 生态文明进程中的环境法制建设［D］. 中共辽宁省委党
校硕士学位论文, 2009.

［33］康宏强. 环境法律意识初探［D］.河海大学硕士论文, 2005.

［34］蒋新. 论环境保护非政府组织——第三支力量的崛起［J］. 前沿论坛.

［35］郑少华. 试论美国环境法中非政府组织的法律地位［J］. 法学评论（双月刊），2005, 3.

［36］郑准镐. 非政府组织的政策参与及影响模式［J］. 中国行政管理, 2004, 5.

［37］赵黎青. 非政府组织问题初探［J］. 中共中央党校学报, 1997, 4.

［38］刘爱军. 生态文明视野下的环境立法研究［D］. 中国海洋大学硕士论文, 2006, 6.

后 记

　　本书是我在讲授《环境与资源保护法学》课程之余，对当前生态文明法治建设的一点感悟。尽管本人付出了极大努力，并吸收借鉴了许多专家学者的成果，但由于本人的水平有限，出现一些问题和错误在所难免，希望广大读者批评指正。由于时间紧迫，对于书中参考过的文献作品难免在《参考文献》中有所遗漏，在此向作者表示道歉。

　　本书的顺利出版，得到了内蒙古科技出版社的大力支持，在此表示衷心感谢！